M'barek Nasri

Classification de données par algorithmes évolutionnistes

M'barek Nasri

Classification de données par algorithmes évolutionnistes

Simulations et applications en traitement d'images

Presses Académiques Francophones

Impressum / Mentions légales
Bibliografische Information der Deutschen Nationalbibliothek: Die Deutsche Nationalbibliothek verzeichnet diese Publikation in der Deutschen Nationalbibliografie; detaillierte bibliografische Daten sind im Internet über http://dnb.d-nb.de abrufbar.
Alle in diesem Buch genannten Marken und Produktnamen unterliegen warenzeichen-, marken- oder patentrechtlichem Schutz bzw. sind Warenzeichen oder eingetragene Warenzeichen der jeweiligen Inhaber. Die Wiedergabe von Marken, Produktnamen, Gebrauchsnamen, Handelsnamen, Warenbezeichnungen u.s.w. in diesem Werk berechtigt auch ohne besondere Kennzeichnung nicht zu der Annahme, dass solche Namen im Sinne der Warenzeichen- und Markenschutzgesetzgebung als frei zu betrachten wären und daher von jedermann benutzt werden dürften.

Information bibliographique publiée par la Deutsche Nationalbibliothek: La Deutsche Nationalbibliothek inscrit cette publication à la Deutsche Nationalbibliografie; des données bibliographiques détaillées sont disponibles sur internet à l'adresse http://dnb.d-nb.de.
Toutes marques et noms de produits mentionnés dans ce livre demeurent sous la protection des marques, des marques déposées et des brevets, et sont des marques ou des marques déposées de leurs détenteurs respectifs. L'utilisation des marques, noms de produits, noms communs, noms commerciaux, descriptions de produits, etc, même sans qu'ils soient mentionnés de façon particulière dans ce livre ne signifie en aucune façon que ces noms peuvent être utilisés sans restriction à l'égard de la législation pour la protection des marques et des marques déposées et pourraient donc être utilisés par quiconque.

Coverbild / Photo de couverture: www.ingimage.com

Verlag / Editeur:
Presses Académiques Francophones
ist ein Imprint der / est une marque déposée de
AV Akademikerverlag GmbH & Co. KG
Heinrich-Böcking-Str. 6-8, 66121 Saarbrücken, Deutschland / Allemagne
Email: info@presses-academiques.com

Herstellung: siehe letzte Seite /
Impression: voir la dernière page
ISBN: 978-3-8381-7970-4

Copyright / Droit d'auteur © 2013 AV Akademikerverlag GmbH & Co. KG
Alle Rechte vorbehalten. / Tous droits réservés. Saarbrücken 2013

Classification de données par algorithmes évolutionnistes

Simulations et applications en traitement d'images

M'barek NASRI

Table des matières

Avant-propos — VIII

Remerciements — XI

Chapitre 1 : Classification et problématiques — 1

1 Introduction.. 1
2 Classification automatique.. 2
   2.1 Eléments descriptifs de données... 2
   2.2 Définition.. 3
3 Classification automatique supervisée... 4
   3.1. Approches statistiques.. 5
      3.1.1 Bayes naïf.. 5
      3.1.2 K-plus proches voisins... 6
   3.2 Approches métriques... 6
4 Classification automatique non supervisée..................................... 7
   4.1 Méthodes métriques.. 7
      4.1.1 Classification hiérarchique... 8
      4.1.2 Méthode des nuées dynamiques....................................... 8
   4.2 Méthodes statistiques.. 11
      4.2.1 Approche paramétrique.. 11
      4.2.2 Approche non-paramétrique.. 11
5 Classification automatique et approches évolutionnistes................ 12
6 Classification automatique et réseaux de neurones......................... 13
7 Classification automatique floue... 15
8 Problème de choix du nombre de classes.. 16
9 Problème de sélection des attributs... 17
10 Conclusion.. 19

Chapitre 2 : Quelques notions sur la texture   21

1 Introduction……………………………………………………………….... 21
2 Image numérique……………………………………………………….…... 22
   2.1 Présentation…………………………………………………………….. 22
   2.2 Histogramme d'une image……………………………………………... 23
      2.2.1 Définition……………………………………………………….. 23
      2.2.2 Egalisation d'histogramme……………………………………… 24
3 Notion de Texture………………………………………………………..…. 25
4 Domaines d'application de l'analyse de texture…………………………….. 26
5 Méthodes d'analyse de texture……………………………………….…….. 27
   5.1 Matrice de cooccurrence……………………………………………….. 29
      5.1.1 Définition……………………………………………………….. 29
      5.1.2 Paramètres extraits de la matrice de cooccurrence………………. 30
   5.2 Matrice de longueurs de plages………………………………………… 31
      5.2.1 Définition……………………………………………………….. 31
      5.2.2 Paramètres extraits de la matrice de longueurs de plages………... 33
6 Classification des images de texture……………………………………….. 34
7 Conclusion…………………………………………………………………. 35

Chapitre 3 : Approches évolutionnistes   36

1 Introduction……………………………………………………………….... 36
2 Algorithmes génétiques……………………………………………………. 36
   2.1 Concepts de base……………………………………………………….. 37
   2.2 Opérateurs génétiques classiques………………………………………. 38
      2.2.1 Sélection proportionnelle………………………………………... 38
         2.2.1.1 Roulette proportionnelle……………………………….. 39
         2.2.1.2 Echantillonnage déterministe…………………………… 40
      2.2.2 Croisement……………………………………………………….. 40
         2.2.2.1 Croisement un_point……………………………………. 40
         2.2.2.2 Croisement à deux points………………………………. 41
         2.2.2.3 Croisement uniforme…………………………………… 42
      2.2.3 Mutation…………………………………………………………. 42
   2.3 Paramètres de base de fonctionnement d'un algorithme génétique……. 43
   2.4 Amélioration de l'algorithme génétique standard……………………… 44
3 Stratégies d'évolution………………………………………………………. 45
   3.1 Structure de base………………………………………………………. 45
   3.2 Opérateur de sélection…………………………………………………. 47
   3.3 Opérateur de mutation…………………………………………………. 47

4 Eléments constitutifs principaux d'une méthode évolutionniste............	48
5 Différences entre les AG et les SE............	49
6 Résolution d'un problème par méthode évolutionniste............	50
6.1 Codage du problème en une suite finie de caractères............	50
6.2 Choix de la fonction sélective............	51
7 Quelques techniques utilisées par les méthodes évolutionnistes............	52
7.1 Techniques de remplacement............	52
7.2 Technique de sélection par rangement............	52
8 Conclusion............	53

Chapitre 4 : Sélection d'un espace d'attributs optimal par AG — 55

1 Introduction............	55
2 Formalisation du problème de sélection des attributs............	56
2.1 Eléments descriptifs............	56
2.2 Formalisation du problème d'optimisation............	57
3 Méthodes de sélection des attributs............	58
3.1 Approche Wapper............	58
3.2 Approche filter............	59
3.2.1 Définitions............	59
3.2.2 Critère de la trace............	61
3.2.3 Critère de Hotelling............	61
3.2.4 Critère de la valeur propre maximum............	62
3.2.5 Distance de Mahalanobis et distance de Bhattacharya............	62
3.3 Autres critères............	63
3.4 Procédure optimale de sélection des attributs............	64
3.5 Détermination de la dimension de l'espace............	64
4 Etude comparative de quelques critères sur des images de textures............	65
4.1 Optimisation des critères étudiés par algorithme génétique............	65
4.1.1 Codage proposé............	65
4.1.2 Fonctions sélectives proposées............	66
4.1.3 Opérateurs génétiques utilisés............	67
4.1.4 Algorithme génétique proposé............	67
4.2 Test sur des images de textures............	69
4.2.1 Espaces de paramètres obtenus............	70
4.2.2 Evaluations et discussions............	72
5 Un nouveau critère pour la sélection des attributs............	75
5.1 Critère proposé............	75
5.2 Optimisation du critère proposé par approche génétique............	78
6 Résultats expérimentaux sur des images de textures et évaluations............	79

6.1 Introduction... 79
6.2 Première expérimentation.. 80
6.3 Deuxième expérimentation... 82
6.4 Troisième expérimentation... 86
6.5 Conclusion sur les trois expérimentations............................... 90
7 Conclusion.. 90

Chapitre 5 : Classification par système cascade AG-RNM — 92

1 Introduction... 92
2 Classification supervisée par réseau de neurones multicouches........ 92
   2.2 Réseau de neurones multicouches.. 92
   2.3 Méthode d'apprentissage mise en œuvre................................... 93
3 Application aux images de textures.. 94
4 Conclusion.. 98

Chapitre 6 : Classification floue par SE — 99

1 Introduction... 99
2 Sous ensembles flous... 100
3 Classification floue... 101
   3.1 Eléments descriptifs.. 101
   3.2 Algorithme CMF.. 102
4 Classification floue évolutionniste... 103
   4.1 Codage proposé... 103
   4.2 Fonction sélective proposée.. 104
   4.3 Opérateur de mutation proposé.. 105
   4.4 Algorithme CMFE proposé.. 107
5 Résultats expérimentaux et évaluations.. 109
   5.1 Introduction.. 109
   5.2 Première expérimentation... 109
      5.2.1 Test 1.. 109
      5.2.2 Test 2.. 112
      5.2.3 Test 3.. 114
   5.3 Deuxième expérimentation... 117
      5.3.1 Test 1.. 117
      5.3.2 Test 2.. 120
6 Conclusion.. 123

Chapitre 7 : Nombre optimal de classes   **124**

1 Introduction... 124
2 Quelques critères.. 124
   2.1 Critères informationnels.. 124
   2.2 Critères basés sur la séparabilité et la compacité des classes..................... 125
   2.3 Critère MDL.. 126
   2.4 Critère de type log-vraissemblance... 126
   2.5 Critères entropiques... 126
3 Optimisation du critère de Xie et Beni par stratégies d'évolution..................... 127
   3.1 Algorithm d'optimisation... 127
   3.2 Résultats expérimentaux et évaluations... 128
      3.2.1 Test 1... 128
      3.2.2 Test 2... 129
      3.2.3 Test 3... 130
      3.2.4 Conclusion sur les trois tests... 131
4 Critère entropique J_{HE}.. 131
   4.1 Présentation du critère... 131
   4.2 Résultats expérimentaux et évaluations... 133
      4.2.1 Test 1... 134
      4.2.2 Test 2... 135
      4.2.3 Test 3... 136
      4.2.4 Conclusion sur les trois tests... 137
5 Conclusion... 137

Annexe   **138**

Bibliographie   **142**

Avant-propos

La classification de données se fait de plus en plus présente en représentation des connaissances. Il s'agit de regrouper en une même classe différents éléments porteurs d'une information a peu près similaire. Ainsi, l'information totale est représentée par de grands ensembles (les classes) et non plus par les nombreux sous ensembles. Les résultats de l'opération de classification seront ensuite facilement exploitables dans une phase d'interprétation de données.

Cet ouvrage se veut une introduction à la classification de données par approche évolutionniste. Il décrit quelques problèmes posés en classification de données. Ces problèmes se ramènent à une optimisation des critères. Les solutions présentées font appel aux méthodes évolutionnistes : algorithmes génétiques et stratégies d'évolution. Le choix de ces méthodes est basé sur certains avantages par rapport aux différentes méthodes classiques d'optimisation.

Les méthodes de classification trouvent un champ d'application très vaste en traitement d'images. Ce livre présente quelques notions sur l'image ainsi que quelques exemples d'application de l'approche évolutionniste à la classification des images numériques.

Cet ouvrage s'adresse à tout scientifique ayant des notions de base en traitement d'images et en classification de données et qui cherche à comprendre et intégrer les nouvelles techniques : étudiants de second et troisième cycles universitaires, élèves-ingénieurs, jeunes chercheurs. La plupart des notions abordées sont accessibles aux étudiants de deuxième cycle. Cependant, quelques notions d'approfondissement peuvent sembler difficiles mais elles sont accessibles aux étudiants de troisième cycle. Les chercheurs trouvent dans ce livre quelques démonstrations pratiques des nouveaux algorithmes. Le lecteur curieux qui veut aborder les approches évolutionnistes trouve sans doute son compte dans le chapitre 3 sans avoir pris connaissance sur des chapitres précédents.

Le premier chapitre est introductif et présente la problématique de la classification de données dans sa généralité. Nous commençons par définir la nature et les objectifs de l'opération de classification de données. Ensuite, nous exposons quelques techniques de classification. Puis, nous mettons l'accent sur l'introduction des nouvelles approches tels que les algorithmes évolutionnistes, les réseaux de neurones et la logique floue en classification. Une grande importance est accordée à la méthode des C-moyennes floues. A ce niveau, nous décrivons d'une part les principaux inconvénients de cette méthode, et de l'autre nous illustrons ses avantages qui ont toujours poussé à réfléchir sur la possibilité de surmonter ses inconvénients. Ensuite, nous présentons le problème de choix du nombre de classes pour la classification non supervisée. Les résultats de classification non supervisée dépendent fortement du nombre de classes fixé au départ par l'utilisateur. Il est donc très important de choisir le nombre exact de classes pour espérer avoir une bonne qualité de classification. Enfin, nous exposons le problème de sélection des attributs pour la classification et nous tenons d'expliquer pourquoi un choix rigoureux des attributs est essentiel dans les performances des méthodes de classification.

Le second chapitre introduit un type particulier de données, il s'agit des images numériques. En premier lieu, nous donnons quelques notions sur l'image numérique ainsi que la notion de texture. En second lieu, nous présentons certaines méthodes d'analyse de texture qui permettent d'extraire un ensemble d'attributs descriptifs de la texture. Les images et les attributs de textures sont utilisés dans des démonstrations pratiques concernant l'amélioration de la classification de données.

Dans le troisième chapitre, nous présentons les concepts de base des méthodes évolutionnistes : algorithmes génétiques et stratégies d'évolution. Il s'agit des techniques heuristiques d'optimisation de fonctions. Dans un premier temps, nous abordons les algorithmes génétiques. Dans un deuxième temps, nous exposons les stratégies d'évolution. Ensuite, nous tenons d'expliquer ce qui en fait la force tout en exposant les difficultés rencontrées lorsque l'on veut utiliser ces approches évolutionnistes.

Dans le quatrième chapitre, nous présentons une méthode de sélection des attributs basée sur une approche génétique qui optimise le choix des attributs par la minimisation d'une fonction coût. Dans un premier temps, nous donnons quelques définitions et nous formalisons le problème de sélection des attributs. Ensuite, nous présentons quelques critères de sélection des attributs. Puis, nous envisageons une étude comparative par approche génétique de certains critères de sélection sur un exemple d'images de textures. Dans un deuxième temps, nous présentons un critère particulier de sélection des attributs. Ce critère est inspiré de l'approche statistique et de la notion de corrélation. Nous illustrons ensuite, quelques résultats pratiques concrétisant l'optimisation de ce critère par AG, les données utilisées sont des images de textures.

Le cinquième chapitre est consacré à la présentation d'une méthode de classification supervisée de données. Il s'agit d'un système cascade AG-RNM associant l'algorithme génétique (AG) conçu pour la sélection des attributs les plus discriminants et un réseau de neurones multicouches (RNM). Ce système est appliqué pour la classification des textures.

Dans le sixième chapitre, nous décrivons l'amélioration des performances de l'algorithme C-moyennes floues par les stratégies d'évolution, en vue de surmonter ses inconvénients. En premier lieu, nous rappelons l'algorithme C-moyennes floues. Ensuite, nous présentons un algorithme C-moyennes floues évolutionniste. Dans cet algorithme, un opérateur de mutation particulier est utilisé pour permettre à ce dernier d'éviter les solutions locales et de converger rapidement vers la solution globale. En pratique, l'objectif n'est pas d'obtenir un optimum absolu, mais seulement une bonne solution dans un temps de calcul raisonnable, et la garantie de l'inexistence d'une solution sensiblement meilleure. Des exemples de simulations illustrent les performances de cet algorithme évolutionniste.

La classification non supervisée s'apparente à la recherche des groupes homogènes au sein d'un mélange multidimensionnel où le nombre de groupes est inconnu. Les résultats de classification obtenus dépendent fortement du nombre de classes fixé. Il est donc primordial de choisir le nombre exact de classes pour espérer avoir une bonne qualité de classification. Ceci n'est pas toujours simple, surtout en présence de cas de chevauchement entre classes. Ainsi, le septième chapitre est consacré à la détermination du nombre optimal de classes. Quelques critères plus connus issus d'approches différentes sont illustrés. Une grande importance est accordée à deux critères particuliers : le premier est basé sur l'approche séparabilité et compacité, le deuxième est utilise le concept d'entropie. Des tests de simulations montrent l'efficacité des ces deux critères.

Remerciements

Je tiens à remercier toutes les personnes qui ont contribué de près ou de loin à l'élaboration de cet ouvrage. Je remercie particulièrement mes collègues M. El Hitmy, M. Barboucha, H. Ouariachi, H. Jender, R. Aboutni, A. Rabhi et H. Nait Charif.

Chapitre 1

Classification et problématiques

1 Introduction

Un des problèmes crucial dans le domaine de traitement de l'information est celui de simplifier au maximum l'information contenue dans les données. Ceci revient principalement à regrouper dans une même classe différents éléments porteurs d'une information à peu près similaire. Ainsi l'information totale est représentée par de grands ensembles (les classes) et non plus par les nombreux sous ensembles. L'approche classification concrétise cette idée. Les techniques de classification automatique sont alors destinées à construire une partition d'un ensemble d'objets, décrits par un certain nombre de variables ou de caractères, en un ensemble de classes (groupement d'objets) les plus homogènes possible [MAR 96]. La construction des classes est faite à partir des critères ou mesures de similarité qu'il faut définir [ANO 97]. Deux problèmes sont, ainsi, à résoudre en classification [BER 81]: les classes doivent être les plus différentes entre elles et chaque classe possède une très grande homogénéité vis à vis des objets qu'elle regroupe.

Les méthodes de classification comprennent en général trois étapes : représentation des objets, réduction de l'information et affectation.

- Etape de représentation : les objets à étudier sont transformés en des grandeurs manipulables. L'information résultante comporte la description de l'objet à classifier. L'objet est alors représenté par un ensemble de descripteurs appelés *attributs*.
- Etape de réduction de l'information : elle est basée sur un critère de similarité entre les objets. Les objets similaires seront regroupés dans une même classe et chaque classe sera caractérisée par un représentant.

- Etape d'affectation : elle consiste à établir un schéma de décision en définissant des règles permettant d'attribuer un nouvel objet à la classe qui lui convient.

Il est fréquent que les résultats d'une classification ne reflètent pas les concepts usuels attachés aux objets. Ceci est dû à la distance choisie (mesure de similarité) entre les objets. On dit souvent que la qualité d'une classification n'est pas qu'elle soit logique ou non, probable ou improbable mais qu'elle soit *profitable*. La classification permet principalement de trouver des régularités dans un grand tableau de données en dégageant des nuages de points homogènes auxquels on essaiera de donner un sens [MAR 96].

2 Classification automatique

2.1 Eléments descriptifs de données

Considérons un ensemble de M objets $\{O_1, O_2, ..., O_i, ..., O_M\}$ caractérisés par N attributs regroupés sous la forme d'un vecteur ligne $V = (a_1\ a_2\ ...\ a_j\ ...\ a_N)$. Soit $R_i = (a_{ij})_{1 \leq j \leq N}$ un vecteur ligne de $\boldsymbol{R}^N$ dont la $j^{\text{ème}}$ composante a_{ij} est la valeur prise par l'attribut a_j sur l'objet O_i. Soit *mat_va* la matrice de M lignes (représentant les objets O_i) et de N colonnes (représentant les attributs a_j), définie par :

$$mat\_va = (a_{ij})_{\substack{1 \leq i \leq M \\ 1 \leq j \leq N}} \qquad (1.1)$$

On appelle V *vecteur attribut*, R_i *l'observation* associée à l'objet O_i ou *réalisation* du vecteur attribut V pour cet objet, $\boldsymbol{R}^N$ *l'espace d'observation* ou *l'espace d'attributs* [HAM 98][COC 95] [POS 87] et *mat_va matrice d'observation* associée à V ou *tableau de données*. La ième ligne de *mat_va* est la *réalisation* R_i. Chaque réalisation R_i appartient à une classe CL_s, $s=1$, ..., C.

D'un point de vue géométrique, si on représente chaque observation par un point dans l'espace d'observation $\boldsymbol{R}^N$, l'ensemble des observations constitue alors un nuage de points dans cet espace.

Effectuer une classification de l'ensemble des observations revient à grouper les observations similaires dans une même classe (groupement) distincte des autres classes. L'ensemble d'observations prend alors une représentation en groupements où chacun d'eux est caractérisé par un représentant. Ainsi, différentes partitions de l'ensemble d'observations sont possibles, en partant par exemple d'une partition où toutes les observations constituent une seule classe et arrivant à la partition où chaque observation constitue une classe à part. Le but des méthodes de classification est de trouver la meilleure partition parmi toutes les partitions possibles.

2.2 Définition

La classification automatique consiste à partitionner un ensemble d'objets en groupes ou classes de telle sorte que les objets appartenant à une même classe soient plus semblables entre eux que ceux appartenant à des classes différentes. Cette approche nécessite à la fois une méthode pour mesurer la ressemblance entre objets et le choix d'un critère pour mesurer la qualité des groupements obtenus des objets. Le problème de la classification devient alors un problème d'optimisation d'un critère [HAM 98] [HAR 75] [TOU 74] [DUD 73].

De nombreuses méthodes de classification automatique sont proposées dans la littérature [DID 82] [LEB 82] [LEB 95] [SAP 90] [TOU 74] [JAM 85]. Suivant la technique utilisée pour mesurer la ressemblance, on distingue principalement deux approches de classification [POS 87] :

- *Approche métrique* : dans ce cas, la distance séparant deux observations dans l'espace d'attributs est une mesure naturelle de leur ressemblance.
- *Approche statistique* : dans ce cas, on fait appel explicitement à la notion de fonction de densité de probabilité et aux règles de Bayes. La classification se fait grâce à des fonctions dites *discriminantes*. La théorie Bayésienne de décision consiste à construire des fonctions discriminantes probabilistes [RUC 90] .

Les techniques de classification peuvent être utilisées dans un contexte supervisé ou non supervisé [GLO 94][COC 95] [OLI 00] :

- Si le nombre de classes et leurs règles d'appartenance sont fixées au départ, on parlera de *classification supervisée* ou *classification avec apprentissage*. Il s'agit alors de déterminer le représentant de chaque classe. Une observation inconnue est ensuite classée en fonction de sa distance aux différents représentants. Le modèle de *centres de classes* est généralement adopté pour les représentants des classes.

- Si par contre on désire réaliser une classification sans connaissance *a priori* du nombre de classes ou de leurs règles caractéristiques, on effectuera alors une *classification non supervisée*. Il s'agit de repérer des groupements de points homogènes dans l'espace d'attributs selon un critère de ressemblance entre les observations.

3 Classification automatique supervisée

La classification automatique supervisée consiste à construire, à partir d'une classification connue *a priori* d'un certain nombre d'objets (individus), une *fonction d'identification* ou de *discrimination* pour les autres objets. Cette fonction d'identification réalise un découpage de l'espace de représentation (espace d'attributs). A chaque zone de ce découpage est affectée une classe de la classification *a priori*. Les autres objets sont ensuite classés en fonction de leur position dans l'espace d'attributs [COC 95].

La classification supervisée vise, donc, à concevoir un classifieur capable de prédire la classe de toute nouvelle observation qui lui est présentée parmi les C classes qui existent. La conception du classifieur nécessite deux étapes essentielles qui sont l'apprentissage et le test de performance. Le processus d'apprentissage permet de caractériser les classes par acquisition des connaissances sur un échantillon d'observations. L'accumulation des expériences lors de la phase d'apprentissage permet d'ajuster les paramètres du classifieur pour améliorer sa qualité de décision d'affecter une observation à une classe. La phase de test consiste à évaluer les performances du classifieur sur les observations qui ne sont pas utilisées dans l'apprentissage [THE 89]. En littérature, on distingue deux types d'approches pour la conception d'un classifieur : statistiques et métriques.

3.1. Approches statistiques

Dans les approches statistiques, on fait appel aux caractéristiques statistiques de la distribution des observations pour définir les classes. Un processus de décision statistique est alors utilisé pour choisir à quelle classe une donnée observée doit être assignée. La performance du classifieur est définie par son pouvoir de discrimination et sa probabilité d'erreur. La décision est basée sur une fonction discriminante probabiliste. Un processus d'apprentissage permet d'accumuler les expériences passées pour améliorer la décision [THE 89].

La connaissance des probabilités *a priori* et des probabilités conditionnelles associées à chaque classe est nécessaire pour permettre un classement optimal. La plupart des méthodes statistiques sont basées sur la théorie Bayésienne de décision qui consiste à construire des fonctions discriminantes probabilistes [RUC 90]. On distingue les méthodes paramétriques qui disposent d'un modèle dont on estime les paramètres et les méthodes non-paramétriques qui sont basées sur l'estimation locale des probabilités *a priori* et des probabilités conditionnelles [POS 87] [THE 89]. Parmi les méthodes statistiques, nous citons la méthode Bayes naïf et la méthode des K-plus proches voisins.

3.1.1 Bayes naïf

Soit $P(R_i/CL_s)$ la fonction de densité de probabilité sous-jacente à la distribution des observations provenant de la classe CL_s et $P(CL_s)$ la probabilité *a priori* de cette classe. Dans cette méthode, les probabilités $P(R_i/CL_s)$ et $P(CL_s)$ sont estimées sur l'échantillon d'apprentissage. Une fois que ces deux grandeurs sont estimées, le classifieur est déterminé par les règles de Bayes. La règle de décision est alors appliquée, sur toute nouvelle observation R_i inconnue, de la façon suivante [POS 87] [MAR 96] [THE 89]:

Si $P(R_i/CL_s) \times P(CL_s) > P(R_i/CL_{s'}) \times P(CL_{s'})$, $\forall\ s \neq s'$ avec $s, s' \in \{1,2,..,C\}$ Alors $R_i \in CL_s$

Cette technique est simple et possède de bonnes performances, mais elle est sensible à un grand nombre d'attributs non discriminants [POS 87].

3.1.2 K-plus proches voisins

Soit $P(CL_s/R_i)$ la probabilité *a posteriori*, c'est à dire la probabilité d'être en présence d'une observation de la classe CL_s. La méthode des K-plus proches voisins (ou Kppv) est une technique simple d'estimation non paramétrique de la probabilité $P(CL_s/R_i)$ dans un voisinage de R_i. Pour ce faire, on cherche les K (K fixé à l'avance) plus proches voisins de R_i dans un ensemble de référence (l'ensemble d'apprentissage dont l'affectation des observations est connu *a priori*). L'estimation de $P(CL_s/R_i)$ est donnée par [COC 95] [THE 89] :

$$P(CL_s/R_i) = \frac{K_s(R_i)}{m_s V(R_i)} \quad (1.2)$$

où $K_s(R_i)$ est le nombre de points de CL_s appartenant aux Kppv de R_i, m_s est le cardinal de la classe CL_s et $V(R_i)$ est le volume de la plus petite boule contenant les Kppv de R_i.

La règle de décision de Bayes pour assigner une nouvelle observation inconnue R_i à la classe qui lui convient est alors [POS 87]:

Si $P(CL_s/R_i) > P(CL_{s'}/R_i)$, $\forall\ s \neq s'$ avec $s, s' \in \{1,2,..,C\}$ Alors $R_i \in CL_s$

La méthode des Kppv se simplifie en méthode de discrimination par voisinage en affectant à R_i la classe majoritaire parmi les Kppv. Elle présente quelques inconvénients qui sont principalement le coût de stockage (les éléments de l'ensemble d'apprentissage doivent être stockés) et le coût élevé de la recherche des Kppv (surtout lorsque la taille de l'ensemble d'apprentissage est grande). Une autre difficulté présentée par cette technique c'est que le résultat de la discrimination dépend de la valeur de K [PRE 88]. Dubuisson a proposé dans [DUB 90] de nombreuses idées pour améliorer les performances de la méthode des Kppv.

3.2 Approches métriques

Dans ce cas, l'espace d'attributs est divisé en domaines appelés *domaines de décision* séparés par des surfaces appelées *surfaces de décision* [POS 87]. Si les objets sont décrits par N attributs, les surfaces de décision sont de dimension $N-1$. Dans un problème à C classes, il y'a ainsi $C(C-1)/2$ surfaces de décision qui partitionnent l'espace d'attributs en C Domaines D_s, $s=1,2,...,C$. Classer une observation revient à déterminer le domaine de décision D_s dans lequel elle se trouve. En pratique, les surfaces de décision sont simplement linéaires ou quadratiques telles que hypersphères, paraboloïdes, hyperplans, etc. La figure 1.1 explicite les notions de surfaces et domaines de décision pour un problème bidimensionnel à deux classes.

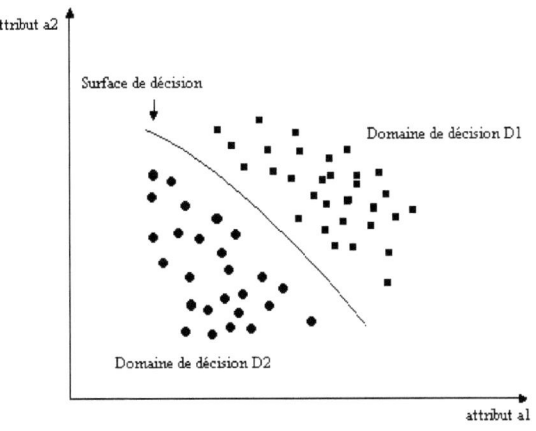

Figure 1.1 : *Surface et domaines de décision pour un problème bidimensionnel à 2 classes.*

4 Classification automatique non supervisée

La classification non supervisée, comme nous l'avons mentionné précédemment, ne présuppose pas de connaissances sur les classes, ni même sur leur nombre. Le problème est de découper l'espace d'attributs en zones homogènes selon un critère de ressemblance entres les observations (critère de similarité). Dans ce contexte, plusieurs méthodes de classification non supervisée sont proposées dans la littérature. Elles peuvent être regroupées en deux catégories : méthodes métriques et méthodes statistiques.

4.1 Méthodes métriques

Ces méthodes font appel à des techniques métriques pour repérer des groupements de points homogènes dans l'espace d'attributs. Elles nécessitent à la fois la définition d'une métrique pour mesurer la ressemblance entre les observations et le choix d'un critère pour mesurer la qualité des groupements obtenus des observations (i.e. pour évaluer la qualité de la partition obtenue). Souvent les distances Euclidienne, de Mahalanobis, de Manhattan, de Chebyshev et de Minkowski sont utilisées pour mesurer la similarité entre les observations dans l'espace d'attributs. Les méthodes métriques se divisent en deux types : les méthodes hiérarchiques qui consistent à établir une hiérarchie et celles qui cherchent directement une partition de l'ensemble d'observations en un nombre de classes distinctes.

4.1.1 Classification hiérarchique

Il existe deux techniques de classification hiérarchique : ascendante et descendante. La technique ascendante considère initialement que chaque observation forme une classe, puis elle regroupe itérativement les observations deux à deux suivant un critère de similarité. Par contre, la technique descendante suppose initialement que toutes les observations forment une seule classe, ensuite à chaque itération elle éclate les classes en sous classes selon un critère de dissimilarité [CAI 76] [MAR 96].

4.1.2 Méthode des nuées dynamiques

Proposée par Diday et largement développée dans [DID 82], la méthode des *nuées dynamiques* ou *C-moyennes* (*C-means* en anglais) est la méthode la plus répandue en classification automatique métrique par sa simplicité [HAM 98]. Cette méthode suppose que le nombre de classes est connu *a priori* et se propose de calculer la partition optimale de l'ensemble des observations en C classes $\{CL_1, CL_2, ..., CL_s, ..., CL_C\}$, chacune est représentée par un point appelé centre de la classe [TOU 74] [HAR 75].

Soient $\{g_1, g_2, ..., g_s, ..., g_C\}$ l'ensemble des C centres des classes avec $g_s = (g_{sj})_{1 \leq j \leq N}$ (vecteur ligne dans $\mathbf{R}^N$) est le centre de la classe CL_s. On décide d'affecter une observation R_i à la classe CL_s si son centre g_s est le plus proche de cette observation. C'est la règle du plus proche voisin :

$$R_i \in CL_s \text{ si } \|R_i - g_s\| = \min_{s'=1,C} \|R_i - g_{s'}\| \qquad (1.3)$$

où $\|\,.\,\|$ est une distance qui est souvent supposée Euclidienne. La règle du plus proche voisin s'écrit aussi :

$$R_i \in CL_s \text{ si } s = \arg\min_{s'=1,C} \|R_i - g_{s'}\| \tag{1.4}$$

Soit μ_{is} la fonction qui indique l'appartenance de l'observation R_i à la classe CL_s :

$$\mu_{is} = \begin{cases} 1 & \text{si } R_i \in CL_s \\ 0 & \text{sinon} \end{cases} \tag{1.5}$$

L'algorithme des C-moyennes consiste à chercher les centres g_s qui minimisent le critère d'optimisation (variance intra-classe) défini par :

$$J_{MC} = \frac{1}{2} \sum_{i=1}^{M} \sum_{s=1}^{C} \mu_{is} \|R_i - g_s\|^2 \tag{1.6}$$

La valeur de g_s qui annule le gradient de J_{MC} par rapport à g_s est :

$$g_s = \frac{1}{\sum_{i=1}^{M} \mu_{is}} \sum_{i=1}^{M} R_i \mu_{is} = \frac{1}{card(CL_s)} \sum_{R_i \in CL_s} R_i \tag{1.7}$$

g_s est le centre de gravité des observations affectées à la classe CL_s.

La figure 1.2 décrit les différentes étapes de l'algorithme C-moyennes [HAM 98]:

---

1. **Fixer** le nombre de classes C.
2. **Initialiser** les centres à des valeurs aléatoires dans l'espace d'observation.
3. **Affecter** les observations aux classes des centres qui leur sont les plus proches.
4. **Actualiser** les centres des classes une fois toutes les observations sont affectées.
5. **Stopper** l'algorithme lorsque les centres ne changent plus (stabilisation des centres) **Sinon aller à** 3.

Figure 1.2 : *Algorithme C-moyennes.*

L'algorithme présenté ci-dessus converge en un nombre fini d'itérations, mais il peut donner des partitions différentes suivant les initialisations [MAR 96] c'est à dire la partition obtenue dépend de l'initialisation de cet algorithme [COC 95][HAM 98]. En effet, l'exemple illustré dans la figure 1.3 montre que la méthode des nuées dynamiques dépend étroitement de la solution initiale : si on réinitialise cet algorithme une seconde fois, il convergera vers une solution locale complètement différente de la première.

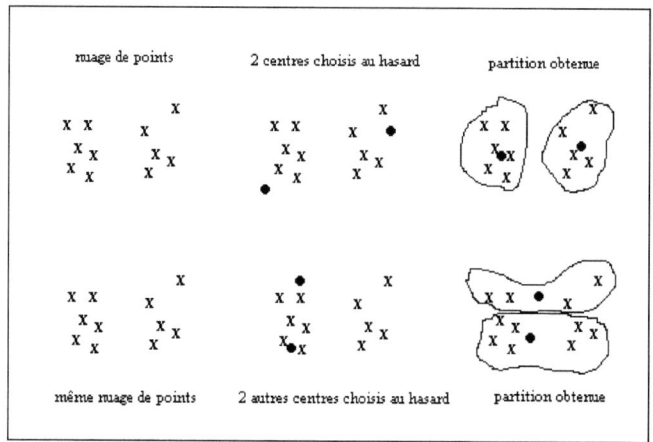

Figure 1.3 : *Construction de deux classes par l'algorithme des nuées dynamiques.*

Ainsi, l'algorithme des nuées dynamiques, malgré sa popularité, présente en plus des problèmes d'initialisation et des optimums locaux, une autre difficulté qui est le nombre de classes. Cet algorithme nécessite la connaissance *a priori* du nombre de classes pour démarrer. Or en pratique, le nombre de classes n'est pas connu *a priori*, il faut une détermination optimale de ce nombre [COC 95].

Ces trois problèmes s'avèrent cruciaux pour l'algorithme des nuées dynamiques. Plusieurs chercheurs ont proposé des améliorations à cet algorithme pour pallier à ces inconvénients, ou d'autres. Diday [DID 82] a introduit la notion de *formes fortes* dans l'analyse du processus de partitionnement en fonction du choix initial des noyaux (centres) afin d'améliorer les performances de l'algorithme, surtout au niveau de sa sensibilité à la phase d'initialisation. Colemam et al. ont proposé dans [COL 79] une solution intéressante au problème du nombre de classes, ils ont associé une technique de détermination optimale du nombre de classes à l'algorithme des nuées dynamiques pour la segmentation d'images. Autres auteurs, ont adapté l'algorithme des nuées dynamiques à différents domaines tels que la théorie des sous ensembles flous [PAL 95] [BEZ 74] [BEZ 81], la théorie des possibilités [KAR 97], les réseaux de neurones [HAR 75] [KOH 84] [TSA 94] [KWA 94] et le domaine évolutionniste [SAR 97].

4.2 Méthodes statistiques

Dans ce cas, on fait appel aux caractéristiques statistiques de la distribution des observations pour définir les classes. Deux approches sont alors possibles selon que l'on suppose ou non l'existence d'un modèle mathématique pour les fonctions de densité de probabilité des classes en présence [POS 87] [THE 89] : approche paramétrique et approche non-paramétrique.

4.2.1 Approche paramétrique

L'approche paramétrique fait l'hypothèse que les lois de distribution des observations suivent des modèles statistiques analytiques définis par quelques paramètres. Le problème revient à déterminer les paramètres d'un mélange de fonction de densité représentant les distributions des observations provenant de chacune des classes en présence dans l'échantillon analysé. Le modèle de distributions normales est couramment utilisé en pratique [POS 87]. Il existe plusieurs techniques pour déterminer la structure d'un échantillon constitué de classes normales, uniquement à partir des observations disponibles. Cependant, certaines de ces techniques exigent des hypothèses limitatives telles que la connaissance du nombre de classes en présence [SCH 76], d'autres ne sont utilisables que dans des cas particuliers tels que les mélanges à deux classes [POS 87].

4.2.2 Approche non-paramétrique

L'approche non-paramétrique ne fait référence à aucun modèle probabiliste. Elle repose sur l'analyse de la fonction de densité de probabilité sous-jacente à la distribution de l'ensemble d'observations à classer, en vue de mettre en évidence des concentrations locales

Classification et problématiques   12

d'observations qui correspondent à des classes. Les concentrations locales sont déterminées par les modes de la fonction de densité sous-jacente [POS 87]. En littérature, on distingue deux types d'approche pour la détection des modes :

- Détection des modes par recherche des maximas locaux : dans ce cas, les modes sont considérés comme des maximas locaux de la fonction de densité sous-jacente. Chaque maximum local correspond à une concentration locale d'observations, donc à une classe [POS 87]. Dans [JOH 79] [MIZ 76] [ASS 89], les auteurs présentent différentes techniques de classification non-paramétrique reposant sur la recherche de maxima locaux.

- Détection des modes par analyse de la convexité : dans ce cas, les modes de la fonction de densité sous-jacente sont considérés comme des régions de l'espace d'attributs où cette fonction est concave [VAS 79] [VAS 80].

5 Classification automatique et approches évolutionnistes

Les algorithmes évolutionnistes sont devenus en quelques années des outils d'optimisation précieux dans des domaines très divers tels que le traitement du signal, les télécommunications, le traitement d'images, la reconnaissance de formes, la robotique, l'automatique, les systèmes de control et de sécurité, l'économie, la production, etc.

Les méthodes évolutionnistes comprennent deux familles : les algorithmes génétiques (AG) et les stratégies d'évolution (SE) [GLO 94]. Ce sont des algorithmes d'optimisation qui assurent la convergence vers l'optimum de la conception [GOL 89] [GLO 96] [HOF 91] [PRE 95]. Ces approches s'inspirent de l'évolution génétique des espèces, elles copient de manière simplifiée certains comportements des populations naturelles. Ainsi, ces techniques reposent toutes sur l'évolution d'une population de solutions (points de l'espace de recherche), qui sous l'action de règles précises optimisent un comportement donné, exprimé sous forme d'une fonction [LUT 99].

En classification automatique, la recherche de la meilleure partition parmi plusieurs partitions possibles, revient, comme nous l'avons décrit en paragraphe 2.2 de ce chapitre, à optimiser un critère. Ainsi, les algorithmes évolutionnistes sont employés pour déterminer la partition globalement optimale, en optimisant ce critère. Plusieurs méthodes de classification basées sur des approches classiques ou sur d'autres approches telles que l'approche neuronale et l'approche floue ont connu des améliorations considérables grâce aux approches évolutionnistes [HAL 99] [MUR 96] [KUN 93] [KUN 97] [SAR 97] [OUA 98].

Ainsi, dans cet ouvrage, nous nous sommes appuyé sur les approches évolutionnistes pour résoudre quelques problèmes posés en classification, ces problèmes seront décrits dans les paragraphes suivants. Le choix des approches évolutionnistes est basé sur certains avantages par rapport aux différentes approches d'optimisation classiques. L'aspect parallèle des algorithmes évolutionnistes permet de traiter un grand nombre de solutions à chaque itération, contrairement aux approches classiques qui traitent une seule solution à chaque itération. Le parallélisme contribue énormément aux performances des algorithmes évolutionnistes au niveau du temps de calcul. Il contribue aussi à la convergence vers la solution globalement optimale, une solution plus stable quelle que soit l'initialisation. Le deuxième avantage réside dans le fait que les méthodes évolutionnistes ne requièrent de l'environnement que le minimum d'information *a priori* pour optimiser le comportement donné (elles ne nécessitent que l'expression de la fonction qui traduit le comportement à optimiser). Par contre, les méthodes classiques reposent sur les notions de dérivabilité et de continuité de la fonction exprimant le comportement à optimiser. Ajoutons à cela, que les processus génétiques permettent aux algorithmes évolutionnistes de résoudre des problèmes d'optimisation très complexes.

6 Classification automatique et réseaux de neurones

L'attention aux réseaux de neurones est de plus en plus grandissante vu le champ d'applications qu'ils ont trouvé et qui compte la compression, le filtrage adaptatif, la parole, la classification, la commande, la modélisation, etc. Les réseaux de neurones sont des techniques puissantes de traitement non linéaire de données.

Un réseau de neurones artificiel est un système composé d'un ensemble d'unités de calcul simples (par analogie avec la biologie ces unités sont appelées neurones) connectées entre elles selon une architecture prédéfinie. Les connexions entres les neurones sont pondérées par des poids synaptiques. Ces derniers sont les paramètres libres du réseau et sont déterminés grâce à une procédure de traitement séquentielle appelée règle d'apprentissage. Cette règle d'apprentissage spécifie les poids initiaux et indique comment les poids doivent être évolués pour que le réseau apprend à s'adapter à un certain environnement [HER 91] [RIV 95] [DAV 93] [HAY 94].

Les réseaux de neurones artificiels sont couramment utilisés pour des tâches de classification automatique. La classification automatique par approche neuronale passe impérativement par une phase d'apprentissage. C'est au cours de la phase d'apprentissage que le réseau apprend à classer un ensemble d'observations. L'apprentissage peut être supervisé ou non supervisé. Dans le premier cas, l'apprentissage s'effectue sous un contrôle c'est à dire on fixe le comportement désiré du réseau (connaissance *a priori* de la sortie désirée du réseau pour chaque observation présentée à son entrée). Ceci donne une erreur (différence entre le comportement réel et désiré) qui sera à la base de l'apprentissage (sous la forme d'une fonction de coût ou d'un signal d'erreur). Ceci donnera donc des fonctions de classification supervisées. Dans le deuxième cas, le réseau extrait de façon autonome l'information pertinente du flux d'information lui parvenant, il apprend la structure sous-jacente à l'ensemble d'observations sans aucune information sur la sortie désirée. Ceci donnera alors des fonctions de classification non supervisées [MAR 96].

En littérature, différents types de réseaux de neurones dédiés à la classification automatique sont proposés. On distingue essentiellement [LIP 89][BIS 95]:

- Les réseaux de neurones probabilistes : il s'agit des classifieurs statistiques qui supposent que les observations à classer sont issues de sources aléatoires. Ils ont pour but alors l'identification des mélanges de densités de probabilités gaussiennes [CEL 92].
- Les classifieurs à noyaux : c'est le cas des réseaux de neurones à fonctions radiales de base [FIR 97] et des estimateurs de noyaux de Parzen.
- Les classifieurs à surface de décision hyperplan : c'est le cas du perceptron à apprentissage par rétropropagation du gradient [RUM 86]et des classifieurs par arbres de décision.
- Les réseaux de neurones à apprentissage compétitif : ils sont utilisés en classification automatique métrique. Ce type de réseaux constitue une adaptation de la méthode des nuées dynamiques (*C-moyennes*) dans l'espace neuronal [HAM 97] [HAM 98]. L'apprentissage compétitif présente les mêmes inconvénients que l'algorithme des nuées dynamiques qui sont la phase d'initialisation, la convergence vers les solutions locales et le nombre de classes qui doit être connu *a priori* [OUA 98].

En profitant de l'approche neuronale, nous présentons en chapitre 5 un système cascade associant un algorithme génétique et un réseau de neurones multicouches pour la classification supervisée de données. L'algorithme génétique est introduit dans le but d'une part d'optimiser l'entrée du réseau de neurones et de l'autre d'améliorer la qualité de l'apprentissage (i.e. l'apprentissage se fait en n'utilisant que des attributs discriminants) [NAS 03a].

7 Classification automatique floue

La théorie des sous ensembles flous est introduite par Zadeh [ZAD 65] dans les années 60. Depuis ce moment, cette nouvelle approche a poussé un grand nombre de chercheurs dans différents domaines tels que les télécommunications, la robotique, le traitement de l'information, l'analyse de données, l'automatique, les systèmes de control, la modélisation et commande des processus dynamiques, le traitement d'images, la reconnaissance de formes, etc, de l'adapter à leurs problèmes [MEU 85].

Bezdek a beaucoup travaillé sur la classification automatique non supervisée par l'approche floue [BEZ 74] [BEZ 81] [BEZ 94]. Ses travaux constituent une adaptation de l'algorithme C-moyennes classique dans l'espace flou en vue d'améliorer ses performances. L'algorithme développé par Bezdek est appelé C-moyennes floues (fuzzy C-means). Cet algorithme est largement utilisé dans la classification [GLO 94] [PAL 95]. A la différence d'autres méthodes de classification, l'algorithme C-moyennes floues utilise la logique floue pour déterminer la meilleure partition possible, le choix de la partition optimale est contrôlé par une fonction floue qui traduit le critère d'optimisation :

$$J_{MC} = \sum_{i=1}^{M} \sum_{s=1}^{C} (\mu_{is})^{df} \|R_i - g_s\|^2 \qquad (1.8)$$

où $\|.\|$ est une distance, C est le nombre de classes, R_i sont les observations, g_s sont les centres, df est le degré de flou et μ_{is} ($\mu_{is} \in [0,1]$) représente le degré d'appartenance de l'observation R_i à la class CL_s de centre g_s.

Cependant, l'algorithme *C-moyennes floues* souffre des mêmes inconvénients de l'algorithme *C-moyennes* qui sont le nombre de classes qui doit connu *a priori* [XIE 91] [GLO 94], la phase d'initialisation et les optimums locaux [BEZ 94] [KUN 97] [SAR 97] [HAL 99]. Plusieurs auteurs proposent des améliorations particulières des *C-moyennes floues* [XIE 91] [SUG 93] [BEZ 94] [WAN 96] [ZHE 94] [HAL 99] [LOR 98] [KAR 97].

Nous nous sommes particulièrement intéressé, dans cet ouvrage, à cet algorithme. Le principal avantage de cette méthode, par rapport aux autres méthodes de classification automatique, y inclus l'algorithme *C-moyennes*, réside dans le fait qu'elle ne se contente pas de prendre la décision d'attribuer un objet à une classe. Elle permet d'obtenir une information beaucoup plus riche : *le degré ou la probabilité d'appartenance de l'objet à chacune des classes*. A partir de cette information, il est possible d'une part de prendre une décision *douce*, et d'autre part d'accéder à d'autres informations utiles sur le système étudié telles que le degré de chevauchement entre les classes (ou entropie de la partition) qui peut servir comme critère de validation de la classification réalisée [BER 86] [BEZ 81] [DUB 90][BOU 98].

Ainsi, il est jugé plus important d'optimiser l'algorithme *C-moyennes floues* en vue de surmonter ses inconvénients [NAS 03b][NAS 03c]. Les détails concernant cet algorithme ainsi que son optimisation par les stratégies d'évolution seront abordés en chapitre 6.

8 Problème de choix du nombre de classes

Nous parlons de classification non supervisée, ou regroupement, lorsqu'on ne dispose d'aucune information *a priori* sur les données à traiter, et de classification supervisée autrement. Les techniques de classification non supervisée visent à rechercher des classes homogènes au sein d'un mélange multidimensionnel où le nombre de classes est inconnu. Les résultats de classification obtenus dépendent fortement du nombre de classes fixé. Il est donc primordial de choisir le nombre *exact* de classes pour espérer avoir une *bonne qualité* de classification. *Ceci n'est pas toujours simple*, surtout en présence de cas de chevauchement entre classes [AMM 07].

Plusieurs approches ont été proposées sur ce sujet dans différentes applications [SHA 48] [KHI 57] [RUS 69] [RIS 78] [BOZ 81] [BOZ 87] [HOF 87] [XIE 91] [RIS 91] [NGU 93]

[OLI 97] [LOR 98] [LOR 99] [AMM 07]. Cependant, pour les mêmes données, on peut obtenir des résultats différents selon le nombre de classes C fixé par l'utilisateur. Pour des classes bien séparées, les algorithmes de classification retrouvent généralement le même nombre de classes. Le problème se pose dans le cas de chevauchement de classes : *rares sont les algorithmes qui arrivent à détecter le nombre réel de classes*, et ils deviennent invalides pour un degré de chevauchement relativement fort [AMM 07]. Le chapitre 7 traite avec soins ce problème de détermination du nombre optimal de classes. Les tests de simulations envisagées tiennent compte de la *complexité* du problème de classification traduite par le *degré de chevauchement* (faible, moyen ou fort).

9 Problème de sélection des attributs

Quand on cherche à différencier deux objets d'une scène, un attribut peut suffire. Mais lorsqu'il s'agit de la classification d'un ensemble d'objets, il faut faire appel à d'autres attributs. La classification des objets *nécessite* une sélection robuste des attributs qui permettent de bien discriminer les classes représentatives de différents objets dans l'espace d'attributs [DAS 97] [DEB 98].

La sélection des attributs est une procédure *très délicate* pour la classification [LUD 97] [FIR 96] [TOM 88] [KIT 86][DAS 97] [ROM 73] [DEB 98]. Ce problème demande *toute l'expérience* et *l'intuition* du traiteur de données (l'analyste) [COC 95][POS 87].

Postaire souligne notamment dans [POS 87] qu'il faut garder dans l'esprit que les résultats d'une classification dépendent essentiellement du choix des attributs qui caractérisent les observations à classer. D'une manière générale, les performances qui régissent une procédure de classification reposent sur le choix d'attributs qui discriminent au mieux les classes en présence dans l'espace des attributs. Il ajoute qu'il est très intéressant de réduire le nombre d'attributs à prendre en considération car la qualité de discrimination n'est pas une fonction croissante du nombre d'attributs utilisés. Il faut, en effet, s'efforcer d'éliminer les attributs peu discriminants qui dégradent la qualité de la classification.

Dans [COC 95], Cocquerez et *al.* indiquent que quelle que soit la méthode de classification adoptée, supervisée ou non supervisée, le choix des attributs à prendre en compte est très important. En effet, si l'utilisateur a des connaissances *a priori* sur la pertinence des attributs qui caractérisent les objets, il peut se limiter aux plus judicieux. En l'absence d'information fiable sur les attributs, ces auteurs recommandent de faire appel à une méthode robuste de sélection des attributs.

Duda [DUD 73] et Kitller [KIT 86] notent qu'un choix rigoureux des attributs est essentiel dans les performances de telle ou telle méthode de classification. Ils ajoutent que le choix optimal des attributs s'accompagne d'une diminution des erreurs de classification.

Ainsi, Il est très important de sélectionner les attributs les plus pertinents et donc représentatifs en vue de concevoir une bonne classification. Ce choix "*optimal*" conduit à une *rapidité de décision* et peut jouer, pour la classification, le rôle de *filtre* face au bruit apporté par les attributs non représentatifs [COC 95].

Il existe dans la littérature plusieurs critères pour la sélection des attributs. Ces critères de sélection ou de discrimination ont pour but de mesurer le pouvoir discriminant d'un ensemble d'attributs. Deux approches sont alors possibles, l'approche *Wapper* et l'approche *filter* [LEZ 00][DAS 97].

Les méthodes issues de l'approche *Wapper* utilisent directement le taux de reconnaissance du classifieur comme critère de sélection des attributs (c'est à dire les attributs sont sélectionnés en utilisant un algorithme de classification des données) [DID 82]. Ces méthodes nécessitent à chaque itération et pour chaque espace d'attributs candidat d'effectuer la classification des données, ce qui est très coûteux en temps de calcul et surtout dès que le nombre d'attributs est élevé et dès que l'algorithme de classification utilisé est lui même coûteux en temps de calcul. D'où l'inconvénient majeur des ces méthodes [VAN 00].

Les méthodes qui font référence à l'approche *filter* se contentent d'estimer le pouvoir discriminant d'un ensemble d'attributs en se basant sur des mesures de séparabilité et de compacité des classes [ROM 73] [DID 82][CEL 89]. Les performances de ces dernières sont jugées suivant les critères de séparabilité et de compacité adoptés (i.e. suivant les éléments retenus pour décrire et caractériser la séparabilité et la compacité des classes) [VAN 00]. Il n'existe pas une formulation mathématique (de théorie) qui décrit les notions de séparabilité et de compacité des classes d'une manière absolue. C'est pourquoi, plusieurs critères de sélection des attributs basés sur ces deux notions sont proposés dans la littérature et possèdent des formules différentes (c'est à dire expriment ou formulent les notions de séparabilité et de compacité différemment).

Etant donné que le problème de sélection des attributs reste encore un sujet d'actualité comme l'indiquent plusieurs auteurs [POS 87][COC 95] [DAS 97] [DEB 98] [VAN 00], nous présentons dans cet ouvrage une contribution à ce problème [NAS 01][NAS 03a]. Cette contribution est décrite en chapitre 4. Elle repose sur une approche génétique qui optimise le choix des attributs par la minimisation d'une *fonction coût*. Cette fonction traduit un critère particulier de sélection des attributs [NAS 01][NAS 03a].

10 Conclusion

Ce chapitre fournit un aperçu des potentialités des méthodes de classification automatique, partant des méthodes classiques et arrivant aux nouvelles techniques avancées telles que les algorithmes évolutionnistes, les réseaux de neurones et la logique floue. Les méthodes classiques demeurent importantes vu leur simplicité d'utilisation. Ainsi, la méthode des C-moyennes (méthode des nuées dynamiques) est très répandue en classification automatique. L'adaptation de cette méthode dans l'espace flou a permis d'améliorer considérablement ses performances. En effet, la méthode C-moyennes floues ne se contente pas de prendre la décision d'attribuer un objet à une classe. Elle donne de plus le degré d'appartenance de l'objet à chacune des classes. Cette information supplémentaire permet d'une part de prendre une décision douce, et de l'autre d'accéder à d'autres informations utiles sur le système étudié tel que le degré de chevauchement entre les classes qui peut servir comme critère de validation de la classification réalisée. Cependant, les mêmes inconvénients de l'algorithme C-moyennes apparaissent dans l'algorithme C-moyennes floues. Ces inconvénients sont le nombre de classes qui doit être connu *a priori* et l'instabilité de la solution obtenue (i.e. à chaque initialisation on obtient une partition distincte). Ainsi, il est jugé très important d'optimiser l'algorithme C-moyennes floues vu les avantages qu'il offre par rapport à l'algorithme de base C-moyennes. L'optimisation de l'algorithme C-moyennes floues par les stratégies d'évolution, en vue de surmonter le problème d'instabilité de la solution, sera abordée en chapitre 6. Le chapitre 7 aborde séparément l'autre inconvénient qui est le problème de choix du nombre de classes.

Par ailleurs, les performances d'une méthode de classification reposent sur le choix des attributs qui discriminent au mieux les classes représentatives de différents objets dans l'espace d'attributs. La sélection des attributs est une procédure délicate pour la classification. Ce problème demande toute l'expérience de l'analyste. Il est très important de sélectionner les attributs les plus pertinents et donc représentatifs en vue de concevoir une bonne classification. Les méthodes de classification trouvent un champ d'application très vaste en traitement d'images. Nous présentons dans le chapitre suivant quelques notions sur les images de textures ainsi que les méthodes d'analyse de texture. Ces méthodes permettent d'avoir un très grand nombre d'attributs qui caractérisent des textures. Nous allons nous servir de ces images et attributs de textures, dans les chapitres 4 et 5, pour illustrer pratiquement les améliorations la classification de données.

Chapitre 2

Quelques notions sur la texture

1 Introduction

Dans ces deux dernières décennies, le domaine de traitement d'images a connu des progrès considérables grâce au développement de différentes techniques tels que le traitement du signal, la morphologie mathématique, l'intelligence artificielle, les approches évolutionnistes, les réseaux de neurones, la logique floue, la théorie des graphes, etc.

Les champs d'application du traitement d'images sont très variés : le milieu industriel (contrôle qualité et suivi des processus de fabrication), la télésurveillance et gestion des alertes (l'analyse des séquences d'images permet d'identifier les incidents survenus dans une zone sous surveillance), l'imagerie satellitaire (la météorologie, le suivi des récoltes, l'aménagement des territoires, la prédiction et l'évaluation de catastrophes naturelles ou industrielles), le domaine médical (localisation et suivi des maladies), etc.

L'analyse est un domaine très important du traitement de l'image. Les principales informations dans l'interprétation du message visuel pour un observateur humain sont les contours et les textures. L'analyse de l'image consiste souvent à extraire un certain nombre de propriétés caractéristiques et à les exprimer sous forme paramétrique. L'étape d'extraction des paramètres (attributs) précède souvent une étape de décision de manière à pouvoir répondre à des questions telles que : matériau normal ou défectueux? tissu biologique sain ou pathologique? types de défauts?, etc. Les paramètres calculés permettent donc de décrire, de caractériser, de segmenter (partitionner en zones homogènes) et d'analyser les images en question. Selon le cas, l'analyse peut être globale ou locale, la notion de localité prenant toute son importance avec la complexité de l'image.

2 Image numérique

2.1 Présentation

Une image est une représentation planaire d'une scène ou d'un objet situé en général dans un espace tridimensionnel. Son élaboration résulte de la volonté de proposer une entité observable par l'œil humain. Ceci explique d'une part son aspect planaire et d'autre part le fait que l'information élémentaire associée à chaque point de l'image (*pixel*) soit transcrite en *niveaux de gris* ou en *couleur* [COC 95].

Cette information élémentaire est, en générale, une grandeur physique liée à la nature du capteur. Une camera CCD mesure la quantité de lumière émise par l'objet, un récepteur de rayon X mesure la quantité de rayonnement transmise par l'organe (en imagerie médicale) ou la pièce (en contrôle d'inspection) [KUN 93]. Le traitement d'images est né de l'idée et de la nécessité de remplacer l'observateur humain par la machine [COC 95].

Afin d'être traitée par ordinateur, une image doit être *numérisée*. La numérisation d'une image consiste à traduire cette image en tableau de nombres. Ce processus est décomposé en général en trois opérations [MAR 87] : *Balayage, échantillonnage* et *quantification*. Ainsi, l'image se présente sous la forme d'une matrice I (voir figure 2.1) de M lignes et P colonnes. Chaque élément $I(i,j)$ représente un pixel de l'image et à sa valeur est associée l'intensité (niveau de gris) du point qui est en général 0 pour le *Noir* et N pour le *Blanc*, avec $N = 255$ le plus souvent [TOU 90]. Un codage sur k bits, par exemple, permet de définir 2^k niveaux de gris. Avec $k = 6$, on aboutit à 64 niveaux de gris, ce qui est approximativement le pouvoir de discrimination de l'œil humain.

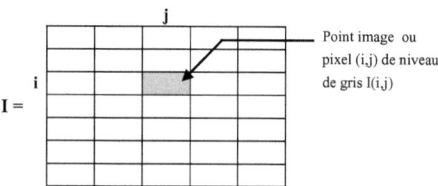

Figure 2.1 : *Image numérique (ensemble de pixels)*.

Quelques notions sur la texture   23

Une image numérique couleur est représentée par trois tableaux appelés *plans image*. Chacun correspond à l'image décomposée dans la base des trois couleur : *Rouge, Vert* et *Bleu*. Une image binaire est appelée image noir et blanc dont le pixel nécessite 1 bit pour son codage.

A partir d'une image numérique, il convient *d'extraire* les informations les plus pertinentes en regard de l'application concernée, de les *traiter* puis de les *interpréter*. Le terme générique *d'analyse d'images* désigne l'ensemble de ces opérations. L'analyse d'images a considérablement surpassé les capacités de l'observateur humain. En effet, dans plusieurs situations aux quelles l'observateur humain n'avait jamais été confronté, l'analyse d'image a fourni de meilleures solutions à ces problèmes. C'est le cas notamment des images « *non visibles* » telles que les images ultrasonores, les images acoustiques et les images radar [COC 95].

En analyse d'images, on trouve deux types de traitements : traitements de bas-niveau et traitements de haut-niveau. Les traitements de bas-niveau opèrent, généralement, sur les grandeurs de nature numérique, calculées à partir des valeurs attachées à chaque point de l'image, et cela sans tenir compte de ce qu'elles représentent en réalité. Par contre, Les traitements de haut-niveau portent sur des entités de nature symbolique associées à une représentation de la réalité extraite de l'image [COC 95].

2.2 Histogramme d'une image

2.2.1 Définition

L'histogramme des niveaux de gris d'une image est une fonction qui donne la fréquence d'apparition de chaque niveau de gris dans l'image. En abscisse, sont représentés les niveaux de gris de 0 à *Ng* (*Ng* est le nombre de niveaux de gris de l'image). En ordonné, est affiché le nombre de pixels affecté par chaque niveau de gris.

L'histogramme permet de donner un grand nombre d'informations sur la distribution des niveaux de gris de l'image, ce qui est communément appelé la *dynamique de l'image* [TOU 90].

Quelques notions sur la texture

2.2.2 Egalisation d'histogramme

L'égalisation d'histogramme est une méthode de transformation non linéaire de l'image. Elle consiste d'une part à améliorer l'aspect visuel de l'image, et d'autre part à réduire le nombre de niveaux de gris de cette image. En pratique, ce nombre est réduit généralement à 32, 16 ou 8 valeurs [TOU 90][ROS 82] [HUM 77].

La figure 2.2 présente un exemple d'égalisation d'histogramme d'une image I quantifiée sur 256 niveaux de gris, ce nombre est réduit à 16 valeurs.

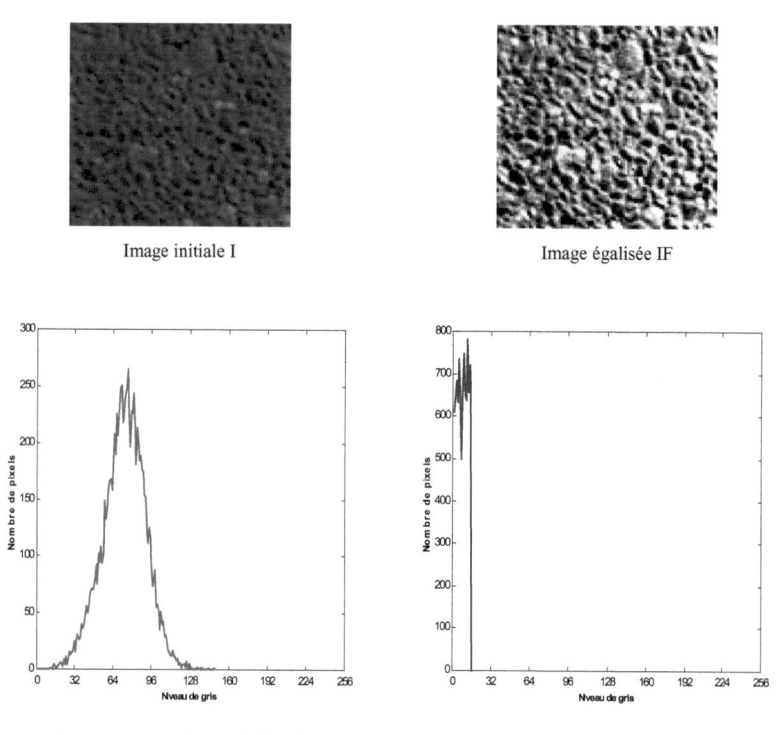

Image initiale I   Image égalisée IF

Histogramme de l'image initiale I   Histogramme de l'image finale IF

Figure 2.2 : *Exemple d'égalisation d'histogramme.*

3 Notion de Texture

La notion de texture ne fait pas référence à un concept parfaitement défini [COC 95]. La texture se décrit en termes linguistiques tels que le contraste, la rugosité, la finesse, la régularité, l'homogénéité, l'arrangement, la disposition des éléments, etc., et que les chercheurs se sont efforcés de caractériser depuis plusieurs années [BAJ 76] [CAL 93] [CHE 82] [GAG 83] [HAR 79] [HSU 93] [JAI 93] [JER 84] [LIU 90] [MAT 83] [GAL 75] [JUL 62] [BEK 94] [MIT 77] [BEK 00] [MA 83] [PHI 88]. La texture présente, à une échelle donnée, le même aspect quelle que soit la zone observée (figure 2.3).

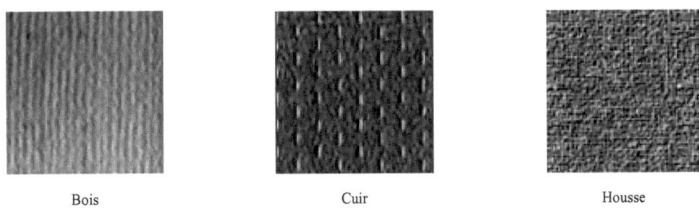

Bois   Cuir   Housse

Figure 2.3 : *Exemples des images de textures.*

La définition littéraire de la texture est la suivante: "*répétition spatiale d'un même motif de base dans différentes directions de l'espace*". Cette définition est limitative car elle caractérise l'objet indépendamment d'un observateur humain. La notion de texture est utilisée pour traduire un aspect homogène de la surface d'un objet sur une image. La texture se manifeste donc par une information visuelle qui permet de la décrire qualitativement à l'aide des adjectifs suivants : grossière, fine, lisse, tachetée, granuleuse, marbrée, régulière ou irrégulière. De nombreuses études psychovisuelles [TRE 85] [JUL 62] [JUL 65] [JUL 73] [JUL 87] [CAL 89] [GAG 81] ont été faites sur la discrimination de texture par le système visuel humain. Une conjecture importante et valide dans beaucoup de cas est que l'œil humain ne peut discerner instantanément deux textures dont les statistiques du second ordre sont identiques [JUL 73]. Cependant, il existe des cas où des textures ayant les mêmes statistiques du second ordre sont néanmoins discriminables sur la base de propriétés locales.

Haralick [HAR 79] élargit la définition en décrivant une texture comme un phénomène à deux dimensions : la première concernant la description d'éléments de base ou *primitives* (le motif) à partir desquels est formée la texture, la deuxième dimension est relative à la description de *l'organisation spatiale* de ces primitives. Unser [UNS 84] présente la texture comme une structure disposant de certaines *propriétés spatiales homogènes* et invariantes par translation. Une autre approche serait encore de définir la texture à partir de deux types d'informations essentielles que comporte l'image: *les contours* de type monodimensionnel qui marquent les frontières entre régions homogènes et *l'aspect de surface* de type bidimensionnel qui définit les régions homogènes. Cependant, la description d'une texture peut s'avérer erronée à une autre échelle d'observation, c'est à dire en changeant la résolution.

En pratique, on distingue deux grandes classes de textures, qui correspondent à deux niveaux de perception [COC 95] :

- *Les* macrotextures *qui présentent un aspect régulier, sous formes de motifs répétitifs spatialement placés selon une règle précise (c'est le cas, par exemple, des tissus, d'un mur de briques, d'un grillage métallique, d'un étendu de gravier, de la peau de lézard, etc.) donc une approche structurelle déterministe.*
- *Les* microtextures *présentant des primitives "microscopiques" distribuées de manière aléatoire (c'est le cas, par exemple, de l'herbe, du sable, de la laine tissée, etc.) d'où une approche probabiliste cherchant à caractériser l'aspect anarchique et homogène.*

Gagalowicz [GAG 83] propose une synthèse des deux approches en considérant la texture comme "une structure spatiale constituée de l'organisation de *primitives* (ou motifs de base) ayant chacune un aspect aléatoire ". C'est donc une structure hiérarchique à deux niveaux [VOL 87].

On regroupe sous le terme de *méthodes d'analyse de texture*, les techniques d'extraction des paramètres permettant de caractériser une texture (différencier des textures) [POS 87].

4 Domaines d'application de l'analyse de texture

L'analyse des textures joue un rôle très important dans l'interprétation automatique des scènes. Un tel problème est rencontré dans l'imagerie médicale, le contrôle à distance, le contrôle qualité, la télédétection, la compression, l'infographie, l'audiovisuel, la reconnaissance des formes, etc.

L'analyse de texture est souvent employée comme un moyen pour finaliser la segmentation d'une image. En effet, dans le cas des images naturelles, la seule étude de la distribution des niveaux de gris est insuffisante pour caractériser les zones homogènes. C'est le cas pour les images multispectrales réalisées en télédétection où les estimateurs de textures permettent de différencier un champ, d'une forêt, d'une ville, etc. C'est le cas aussi en imagerie médicale où ces mêmes estimateurs permettent de faire la distinction entre tissus sains et tissus pathologiques (détection de lésions, dépistage de pathologies, etc.).

En compression d'images, les attributs texturaux permettent de représenter l'image par un nombre minimal de paramètres et de ce fait permettent une reconstitution de l'information avec un minimum d'erreur.

La caractérisation de texture à l'aide de paramètres pertinents permet également la restauration d'une partie dégradée ou manquante dans une image en la remplaçant par une version synthétique générée à partir du modèle textural élaboré. Dans le domaine de l'infographie ou de l'audiovisuel, la synthèse de texture découle naturellement de l'analyse et conduit à son utilisation pour le réalisme, l'art et le design.

En contrôle non destructif, l'analyse de texture est largement utilisée pour l'inspection des surfaces en contrôle de qualité (produits industriels, matériaux, produits alimentaires, détection de défauts, etc.).

5 Méthodes d'analyse de texture

Le but de l'analyse de texture est de formaliser les descriptifs de la texture par des paramètres mathématiques qui serviraient à l'identifier. Dans ce sens, les critères visuels qui ont été retenus pour la texture sont : le contraste, la granularité, l'orientation, la forme, la finesse, la régularité, la rugosité, l'homogénéité, etc. De nombreuses méthodes de caractérisation de texture sur des images ont été proposées dans la littérature. Elles définissent des paramètres discriminants de la texture en se basant sur des approches différentes [JAI 93]. Nous décrivons, ici à titre d'exemple, quelques méthodes parmi les plus utilisées :

- Les *méthodes structurelles* tiennent compte de l'information structurelle et contextuelle d'une forme et sont particulièrement bien adaptées aux textures macroscopiques. Les étapes d'analyse sont d'abord l'identification des éléments constitutifs, puis la définition des règles de placement. Les deux structures les plus importantes sont les structures de graphe et les structures syntaxiques [JAN 98][PHI 89].

- Du point de vue des *méthodes statistiques*, la texture est considérée comme la réalisation d'un processus stochastique stationnaire. Suivant la modalité des images à étudier, la signature la plus discriminante de la texture est à rechercher soit dans des méthodes qui exploitent directement les propriétés statistiques de la texture (matrices de cooccurrence [HAR 79], matrices de longueurs de plages [GAL 75], matrice de voisinage, fonction d'autocorrelation, modèle de Markov [LI 95], modèle autorégressif [CHE 85], modèles issues de la morphologie mathématique [SER 82]), soit dans des méthodes qui exploitent les propriétés statistiques à partir d'un plan transformé dans lequel on réécrit l'image de texture (densité spectrale, méthode des extremas locaux [MIT 77] [PAV 86], méthodes de Transformation de Fourier [HSU 93], Karhunen Loeve, Walsh Hadamard).

- Les *méthodes basées sur l'étude des formes* se trouvent au croisement de la reconnaissance des formes, de la caractérisation de défauts et de l'analyse macrotextural. Les régions texturales de l'image englobent des formes particulières et peuvent être caractérisées par des paramètres dits de formes [PEE 85] [BES 86].

- Du point de vue de la synthèse d'image, *les méthodes fractales* sont à part car elles permettent de synthétiser des images très proches de la réalité. En analyse de texture, la dimension fractale, qui est une mesure du degré d'irrégularité d'un objet, décrit une certaine propriété de la texture. Le modèle fractal est basé essentiellement sur l'estimation, par des méthodes spatiales, de la dimension fractale de la surface représentant les niveaux de gris de l'image [BAR 88] [BRO 92] [PEN 84] [KEL 89] [SAR 92].

- Dans les *méthodes de filtrage*, les chercheurs s'intéressent à l'analyse de texture par filtrage multi-canal. La plupart des techniques proposées utilisent des bancs de filtres sélectifs en orientation, en fréquence et en échelle. La littérature est riche en ce qui concerne l'analyse des textures par bancs de filtres de Gabor [HAL 95] et ondelettes [UNS 95].

Parmi les méthodes statistiques classiques de caractérisation des textures, nous présentons, dans les paragraphes ci-dessous, celles exploitant le principe des matrices de cooccurrence et des matrices de longueurs de plages. Les paramètres de texture extraits de ces deux matrices sont les plus fréquemment utilisés [COC 95][LEC 91]. Ces paramètres seront utiles pour la compréhension de nos travaux exposés dans le chapitre 4.

5.1 Matrice de cooccurrence

Une texture peu être caractérisée par les relations de dépendance qui existent entre les niveaux de gris des points de son image [POS 87]. Les matrices de cooccurrence permettent d'estimer la loi conjointe de certains couples de pixels dans une image.

5.1.1 Définition

Pour une translation t de dx pixels verticalement et dy pixels horizontalement, la matrice de cooccurrence MC_t est la matrice dont le terme général $MC_t(i,j)$ indique le nombre de fois où un couple de pixels séparés par le vecteur de translation $t = (dx, dy)$ apparaît sur l'image de texture, l'un avec le niveau de gris i et l'autre avec le niveau de gris j [COC 95].

Pour une image quantifiée sur Ng niveaux de gris, la matrice MC_t est une matrice carrée de dimension $Ng \times Ng$. La figure 2.4 illustre un exemple de calcul de la matrice de cooccurrence pour une image I de taille 5×5 pixels, quantifiée sur 4 niveaux de gris, dans les cas $t = (0,1)$, $t = (1,0)$ et $t = (1,1)$.

Quelques notions sur la texture

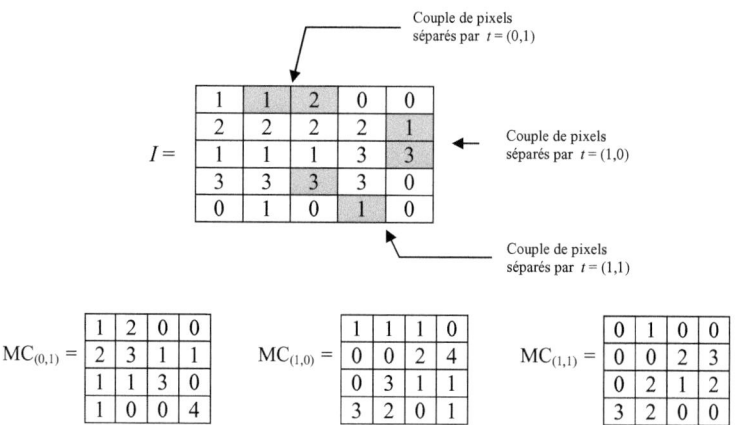

Figure 2.4 : *Matrices de cooccurrence calculées pour l'image I.*

5.1.2 Paramètres extraits de la matrice de cooccurrence

Haralick [HAR 73] [HAR 79] a proposé quatorze paramètres extraits des matrices de cooccurrence correspondants à des caractères descriptifs des textures. Nous présentons, ici, les paramètres les plus fréquemment utilisés [COC 95].

Homogénéité :

$$Hom = \frac{1}{Nc^2} \sum_{i=1}^{Ng} \sum_{j=1}^{Ng} (MC_t(i,j))^2 \qquad (2.1)$$

avec
$$\begin{cases} Nc = \sum_{i=1}^{Ng} \sum_{j=1}^{Ng} MC_t(i,j) \\ Ng = \text{Nombre de niveaux de gris de l'image} \end{cases}$$

Ce paramètre est d'autant plus important que l'on trouve souvent le même couple de pixels, c'est le cas quand le niveau de gris est uniforme.

Homogénéité Locale :

$$HomL = \frac{1}{Nc} \sum_{i=1}^{Ng} \sum_{j=1}^{Ng} \left(\frac{1}{1+(i-j)^2} \right) MC_t(i,j) \qquad (2.2)$$

Quelques notions sur la texture

Entropie :

$$Ent = 1 - \frac{1}{Nc\ ln(Nc)} \sum_{i=1}^{Ng} \sum_{j=1}^{Ng} MC_t(i,j)\ ln(MC_t(i,j)) \mathbf{1}_{MC_t(i,j)} \quad (2.3)$$

$$avec \quad \mathbf{1}_{MC_t(i,j)} = \begin{cases} 1 & si\ MC_t(i,j) \neq 0 \\ 0 & sinon \end{cases}$$

L'entropie mesure le désordre que peut présenter une texture.

Uniformité :

$$Uni = \frac{1}{Nc^2} \sum_{i=1}^{Ng} (MC_t(i,i))^2 \quad (2.4)$$

Cet indice est d'autant plus important qu'un seul niveau de gris apparaît souvent dans la direction de translation.

Directivité :

$$Dir = \frac{1}{Nc} \sum_{i=1}^{Ng} MC_t(i,i) \quad (2.5)$$

La directivité sera plus importante s'il y 'a des pixels de même niveau de gris séparés par le vecteur translation *t*.

Contraste :

$$Cont = \frac{1}{Nc(Ng-1)^2} \sum_{k=0}^{Ng-1} k^2 \left(\sum_{|i-j|=k} MC_t(i,j) \right) \quad (2.6)$$

La texture présente un fort contraste lorsque les écarts de niveaux sont importants.

5.2 Matrice de longueurs de plages

5.2.1 Définition

Une plage est un ensemble de pixels consécutifs, dans une direction θ donnée, ayant le même niveau de gris. La longueur de plage est le nombre de pixels de cet ensemble. Pour une direction θ, la matrice de longueurs de plage MLP_θ est la matrice dont le terme général MLP_θ (i,j) représente le nombre de plages de longueur j (dans la direction θ) et de niveau de gris i [BEK 98].

La matrice MLP_θ est de dimension $Ng \times L$, avec Ng est le nombre de niveaux de gris de l'image, et L est la longueur de la plus grande plage dans la direction θ. Les directions souvent utilisées sont : $\theta = 0°$, $\theta = 90°$, $\theta = 45°$ et $\theta = 135°$.

La figure 2.5 décrit un exemple de calcul de la matrice de longueurs de plages pour une image I de taille 6×6 pixels, quantifiée sur 4 niveaux de gris, dans les quatre directions $\theta = 0°$, 45°, 90° et 135°.

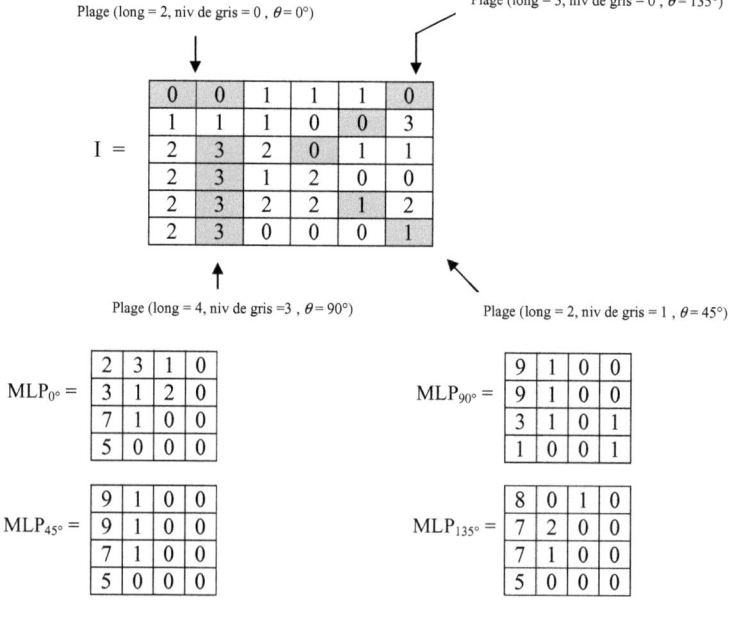

Figure 2.5 : *Matrices de longueurs de plages calculées pour l'image I.*

Le calcul des matrices de cooccurrence et des longueurs de plages pour une image de grande taille, quantifiée sur un grand nombre de niveaux de gris (par exemple 256 niveaux), nécessite un *espace mémoire* important et demande un *temps* très long. Pour remédier à ces deux problèmes, un pré-traitement est nécessaire pour réduire le nombre de niveaux de gris de l'image à 32, 16 ou 8 valeurs (en général). Le pré-traitement souvent utilisé est la méthode d'égalisation d'histogramme décrite précédemment.

5.2.2 Paramètres extraits de la matrice de longueurs de plages

Galloway [GAL 75] a défini cinq paramètres de caractérisation de textures à partir de la matrice de longueurs de plages. Ces paramètres sont [BEK 98] :

Accentuation des petites plages (*Short Run Emphasis*) :

$$SRE = \frac{1}{SLP} \sum_{i=1}^{Ng} \sum_{j=1}^{L} \left(\frac{MLP_\theta(i,j)}{j^2} \right) \quad (2.7)$$

$$avec \begin{cases} SLP = \sum_{i=1}^{Ng} \sum_{j=1}^{L} MLP_\theta(i,j) \\ L = \text{Longueur de la plus grande plage} \\ Ng = \text{Nombre de niveaux de gris de l'image} \end{cases}$$

Elle est maximale lorsqu'il y 'a des lignes courtes dans la direction θ.

Accentuation des grandes plages (*Long Run Emphasis*) :

$$LRE = \frac{1}{SLP} \sum_{i=1}^{Ng} \sum_{j=1}^{L} \left(j^2 MLP_\theta(i,j) \right) \quad (2.8)$$

Elle est maximale lorsqu'il y 'a des lignes longues dans la direction θ.

Hétérogénéité des niveaux de gris (*Gray Level Nonuniformity*) :

$$GLN = \frac{1}{SLP} \sum_{i=1}^{Ng} \left(\sum_{j=1}^{L} MLP_\theta(i,j) \right)^2 \quad (2.9)$$

Cet indice mesure la dispersion entre les niveaux de gris.

Hétérogénéité des longueurs de plage (*Run Length Nonuniformity*) :

$$RLN = \frac{1}{SLP} \sum_{j=1}^{L} \left(\sum_{i=1}^{Ng} MLP_\theta (i,j) \right)^2 \qquad (2.10)$$

Cet indice mesure la dispersion entre les longueurs.

Pourcentage de plages (*Run Percentage*) :

$$RP = \frac{SLP}{K} \qquad (2.11)$$

avec K est le nombre de pixels de l'image

6 Classification des images de texture

La classification d'images est un cas particulier de la classification de données et constitue un sujet de recherche très important en traitement d'images. Les méthodes de classification ont pour but, dans ce cas, de classifier des objets en exploitant leur similarité. Les objets peuvent être [COC 95] :

- Les pixels eux-mêmes, les attributs sont alors ponctuels (comme le niveau de gris) ou calculés sur un voisinage du pixel (comme la moyenne des intensités ou des paramètres de texture calculés sur une fenêtre centrée sur le pixel).
- Une sous image de taille fixe, les attributs sont alors calculés pour cette sous image. Par exemple, on peut découper l'image en fenêtres ne se chevauchant pas et classifier chaque fenêtre.

Dans le cadre de la classification des images de texture, les objets seront les pixels ou des sous images, que l'on cherche à classifier en fonction d'un ensemble d'attributs. En générale, ces attributs sont des paramètres de textures.

La classification des images de texture s'est posée longtemps comme un problème particulièrement difficile [KER 93]. En effet, quand on cherche à différencier deux objets d'une scène, un paramètre peut suffire. Le paramètre le plus simple est, dans la majorité des cas, la moyenne des niveaux de gris. Mais lorsqu'il s'agit de la classification d'images de textures, il faut faire appel à d'autres paramètres plus complexes. Les méthodes d'analyse de texture offrent un grand nombre (*un flux*) de paramètres de textures. La sélection des paramètres les plus pertinents, c'est à dire ceux permettant de bien discriminer les classes représentatives des différentes textures dans l'espace de paramètres, est un problème difficile pour la classification [LUD 97] [FIR 96] [DEB 98]. Ce problème demande toute l'expérience du traiteur d'images [COC 95] [POS 87].

7 Conclusion

Nous avons cerné dans ce chapitre les caractéristiques des images numériques, en particulier celles des images de textures. Nous avons présenté un ensemble de méthodes permettant d'extraire des paramètres discriminants de la texture. La sélection des paramètres est une procédure très délicate pour la classification des images de textures. Il est très important de faire un choix optimal pour concevoir une bonne classification.

C'est à ce titre que nous présentons dans cet ouvrage une méthode d'optimisation du choix des attributs pour la classification de données en générale. Cette méthode est particulièrement testée sur des images de textures. Elle est basée sur les approches évolutionnistes et précisément les algorithmes génétiques. La présentation des approches évolutionnistes fera l'objet du chapitre suivant.

Chapitre 3

Approches évolutionnistes

1 Introduction

Les méthodes évolutionnistes recouvrent les algorithmes génétiques (AG) et les stratégies d'évolution (SE) [PRE 95] [GLO 94]. Elles ont pour but l'optimisation de fonctions [GOL 89][CAR 93][HER 95] [KAR 91] [THR 91] [GLO 96] [HOF 91] [BAC 91]. Ces approches s'inspirent de l'évolution génétique des espèces, schématiquement, elles copient de façon extrêmement simplifiée certains comportements des populations naturelles. Ainsi, ces techniques reposent toutes sur l'évolution d'une population de solutions (c'est-à-dire des points de l'espace de recherche), qui sous l'action de règles précises optimisent un comportement donné, exprimé sous forme d'une fonction, dite *fonction sélective (fitness function)* ou *adaptation à l'environnement* [LUT 99] [LUD 94] [REN 95].

2 Algorithmes génétiques

Depuis quelques années, une grande importance est accordée aux algorithmes génétiques dans la littérature qui traite des problèmes d'optimisation. Les algorithmes génétiques constituent une technique heuristique d'optimisation globale puissante, dédiée essentiellement aux problèmes d'optimisation non linaires et complexes [GOL 89][DEJ 92][DEJ 93].

Les algorithmes génétiques ont été proposés par John Holland dans les années 70 [HOL 75][HOL 78]. Cette nouvelle approche d'optimisation stochastique a fait l'objet, par la suite, de plusieurs études et recherches qui sont menées en vue d'améliorer ses performances [DEJ

75] [DEJ 87] [DEJ 92] [DEJ 93] [GOL 85] [GOL 89] [GOL 91] [GOL 92] [GOL 93] [DAV 91] [SCH 85] [SCH 87].

Récemment, les algorithmes génétiques ont trouvé un champ d'application très vaste dans plusieurs domaines tels que le traitement du signal et d'images [VER 98] [ROT 94][ROU 97] [PAR 97][ALB 92] [HIL 92] [TRU 91], la robotique [LEI 94] [XIA 97] [DAY 91] [HOM 95], l'optimisation de production [DAV 85] [CLE 89], la sécurité des systèmes informatiques [LUD 94], la modélisation de la sécurité internationale [FOR 91], l'optimisation de l'architecture des réseaux de neurones [WHI 89] [HAR 91], etc.

2.1 Concepts de base

Un algorithme génétique est un algorithme itératif de recherche d'optimum, il manipule une *population* de taille *maxpop* constante. Cette population est formée de points candidats appelés *individus* ou *chromosomes*. La taille constante de la population entraîne un phénomène de compétition entre les chromosomes. Chaque chromosome représente le codage d'une solution potentielle au problème à résoudre, il est constitué d'un ensemble d'éléments appelés *caractéristiques* ou *gènes*, pouvant prendre plusieurs valeurs (*allèles*) appartenant à un *alphabet* non forcément numérique. La position d'un gène au sein d'un chromosome est appelée *locus*. Dans l'algorithme génétique de base, les allèles possibles sont 0 et 1, et un chromosome est donc une chaîne binaire [REN 95][LUD 94].

A chaque itération, appelée *génération*, est créée une nouvelle population avec le même nombre de chromosomes. Cette génération consiste en des chromosomes mieux "*adaptés*" à leur environnement tel qu'il est représenté par la fonction sélective. Au fur et à mesure des générations, les chromosomes vont tendre vers l'optimum de la fonction sélective : les algorithmes génétiques sont fondés sur l'hypothèse que de bonnes solutions (on dit aussi *chromosomes bien adaptés à leur environnement*) peuvent produire des solutions encore plus adaptées [LUT 99]. La création d'une nouvelle population à partir de la précédente se fait par application des opérateurs génétiques définis par John HOLLAND et qui sont : la *sélection*, le *croisement* et la *mutation*. Ces opérateurs sont *stochastiques* [REN 95].

La structure d'un algorithme génétique de base est donnée dans la figure 3.1 suivante [LUD 94] [ELO 97] [VER 98]:

> Génération aléatoire de la population initiale
> Calcul de la fonction sélective
> **Répéter**
> Sélection
> Croisement
> Mutation
> Calcul de la fonction sélective
> **Jusqu'à** satisfaction du critère d'arrêt

Figure 3.1 : *Algorithme génétique de base.*

La fonction sélective permet d'associer une valeur à chaque chromosome, cette valeur est appelée *valeur sélective* du chromosome [LUD 94]. Nous notons que la valeur sélective d'un chromosome constitue toute l'information dont a besoin l'algorithme génétique pour l'optimisation. Aucune autre information auxiliaire n'est exigée dans cette technique, ce qui la rend générale et très simple à employer.

La génération d'une nouvelle population à partir de la précédente s'effectue en trois phases : *phase d'évaluation* dans laquelle l'algorithme génétique évalue la fonction sélective de chaque chromosome de l'ancienne population, *phase de sélection* et *phase de reproduction avec croisement et mutation*. Et le cycle continue : *évaluation, sélection, reproduction, évaluation,* etc.

Le critère d'arrêt (arrêt de l'évolution) constitue un problème délicat pour les algorithmes génétiques. Naturellement, il est possible d'examiner si la population "est concentrée" autour de l'optimum global, mais parfois il est difficile d'obtenir cet état. La solution la plus généralement adoptée par plusieurs auteurs est d'imposer un nombre maximal de générations, noté *maxgen* [MAR 93][LEV 93].

2.2 Opérateurs génétiques classiques

2.2.1 Sélection proportionnelle

La sélection est la première étape de fonctionnement d'un AG. IL s'agit d'un mécanisme selon lequel les meilleurs chromosomes au sens du critère de la valeur sélective sont retenus pour participer à la phase de reproduction (croisement et mutation). Cet opérateur sélectionne chaque chromosome chr_i de valeur sélective f_i avec une probabilité Ps_i (chance de participation) appelée *probabilité de sélection*. Pour un problème de *maximisation*, la probabilité de sélection est donnée par [LUD 94]:

$$Ps_i = \frac{f_i}{\sum_{j=1}^{maxpop} f_j} \qquad (3.1)$$

L'opérateur de sélection est appliqué *maxpop* fois, l'espérance mathématique du nombre de copies du chromosome chr_i, dans la nouvelle population, est $maxpop \times Ps_i$. Les chromosomes sélectionnés constituent, ainsi, une population intermédiaire pop_1 de même taille *maxpop*. Plusieurs méthodes sont utilisées pour mettre en œuvre la sélection proportionnelle. Parmi ces méthodes, on peut citer la *roulette proportionnelle* et *l'échantillonnage déterministe*.

2.2.1.1 Roulette proportionnelle

C'est une des premières implémentations réalisées et c'est aussi la plus simple [HOL 75]. Elle consiste à simuler une roulette de loterie (de fortune) dont chacune des *maxpop* fentes, correspondant à un des *maxpop* chromosomes de la population, est de surface proportionnelle à la valeur sélective de ce chromosome (voir figure 3.2). Pour cela, on procède au tirage au sort (lancement aléatoire de la roue). La roue est lancée *maxpop* fois, à chaque lancement correspond le chromosome à sélectionner [GOL 89].

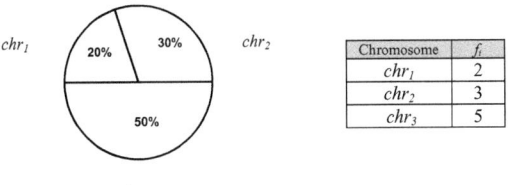

Figure 3.2 : *Roulette proportionnelle*.

Si nous supposons que pour les chromosomes représentés dans la figure ci-dessus, le tirage ait donné : chr_3 (2 fois), chr_2 (1 fois), alors pop_1 = {chr_3 , chr_3 , chr_2}.

2.2.1.2 Echantillonnage déterministe

Un chromosome de valeur sélective f_i, figure de manière déterministe $E(f_i / f_m)$ (E partie entière et f_m valeur sélective moyenne) fois dans la population intermédiaire pop_1. Les chromosomes qui manquent pour remplir cette dernière, sont choisis par ordre décroissant des restes r_i des quotients f_i / f_m [GOL 89].

A titre d'exemple, considérons une population pop formée de cinq chromosomes représentés dans le tableau suivant.

Chromosome	f_i	$E(f_i/f_m)$	r_i
chr_1	1	0	1
chr_2	2	0	2
chr_3	3	0	3
chr_4	7	1	--
chr_5	12	2	--

Tableau 3.1 : *Exemple d'application*.

La population intermédiaire est alors pop_1 ={chr_5 , chr_5 , chr_4 , . , .}. Pour remplir la population, on choisit chr_3 puis chr_2 car ($r_3 > r_2$), ainsi pop_1 = {$chr_5, chr_5, chr_4, chr_3, chr_2$}.

2.2.2 Croisement

L'opérateur de croisement permet de générer deux chromosomes nouveaux "*enfants*" à partir de deux chromosomes sélectionnés "*parents*". D'un point de vue algorithmique, le croisement sert à combiner les solutions représentées par les parents, les deux nouveaux chromosomes formés permettent d'explorer de nouvelles régions de l'espace des solutions en se rapprochant (*peut être*) d'un extremum [REN 95]. Il existe différents types de croisement.

2.2.2.1 Croisement un_point

La version classique d'opérateur de croisement est appelée *croisement un_point* ou *crossover un_point* [HOL 75]. Il consiste à choisir au hasard deux parents dans la population pop_1 et un site de croisement j (un entier) compris entre 1 et l (l étant la taille d'un chromosome) et à générer, avec une probabilité P_c (*probabilité de croisement*), deux nouveaux chromosomes en inversant les gènes des deux parents dont le locus est compris entre j et l. Le crossover est répété avec les autres parents jusqu'à obtenir une nouvelle population pop_2 de même taille *maxpop* [REN 95].

La figure 3.3 suivante présente, un exemple de croisement un_point de deux chromosomes binaires de taille $l = 8$, le site de croisement choisit est $j = 5$.

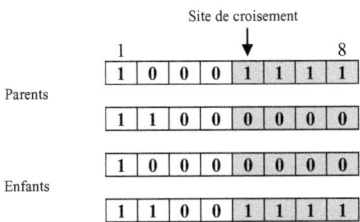

Figure 3.3 : *Croisement un_point.*

2.2.2.2 Croisement à deux points

Ce type de croisement consiste à choisir au hasard deux parents dans la population pop_1 et deux sites de croisement j_1 et j_2 compris entre 1 et l et à générer, avec une probabilité P_c, deux nouveaux chromosomes en échangeant les gènes des deux parents situés entre les deux points de coupure j_1 et j_2 [REN 95].

La figure 3.4 illustre, un exemple de croisement à deux points de deux chromosomes binaires de taille $l = 8$, les sites de croisement choisis sont $j_1 = 2$ et $j_2 = 6$.

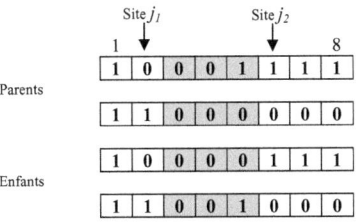

Figure 3.4 : *Croisement à deux points.*

Approches évolutionnistes   42

2.2.2.3 Croisement uniforme

Proposé par Syswerda [SYS 89] [SYS 91], ce type de croisement consiste à choisir aléatoirement deux parents dans la population pop_1 et un certain nombre de sites de croisement (compris entre 1 et l) et à générer, avec une probabilité P_c, deux nouveaux chromosomes en échangeant les gènes des deux parents correspondant à ces sites. La figure 3.5 décrit, un exemple de croisement uniforme de deux chromosomes binaires de taille $l = 8$, les sites de croisement choisis sont $j_1 = 2$, $j_2 = 4$ et $j_3 = 7$.

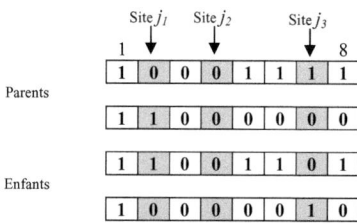

Figure 3.5 : *Croisement uniforme.*

2.2.3 Mutation

La mutation agit en modifiant aléatoirement un ou plusieurs gènes d'un chromosome. Cet opérateur sert à changer localement (*perturber*) les solutions représentées par les parents, il ne crée pas généralement de meilleurs chromosomes, mais il évite d'avoir de populations incapables d'évoluer [LUD 94].

La version de base de la mutation, dite *mutation simple* [HOL 75], consiste à modifier, avec une probabilité P_m très faible (*probabilité de mutation*), un gène d'un chromosome dont le locus j est choisit au hasard [LUD 94]. Après mutation, les chromosomes de la population pop_2 constituent la population de la génération suivante.

La figure 3.6 ci-dessous illustre, un exemple de mutation simple d'un chromosome binaire de taille $l = 8$, le gène concerné par la mutation est de locus $j = 5$.

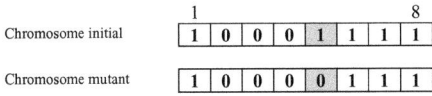

Figure 3.6 : *Mutation simple.*

L'opérateur de mutation permet un déplacement aléatoire dans l'espace des solutions, autorisant ainsi l'exploration de régions dans lesquelles se trouve peut être un point intéressant. La pratique montre que sans lui, il y'a un risque de *convergence prématurée* de l'algorithme vers un *optimum local*. Ainsi, La présence de ce processus permet éventuellement à l'algorithme génétique d'éviter les optimums locaux [LUD 94].

Le processus de mutation est présent aussi pour éviter une perte irréparable de la diversité : supposons par exemple, que tous les chromosomes d'une population commencent par la même valeur du premier gène, cette valeur ne pourrait pas changer s'il n'y avait pas de mutation [REN 95].

La probabilité de mutation P_m doit être très faible, en vue de garantir que les chromosomes générés par ce processus ne soient pas trop différents de leurs antécédents et principalement pour que l'algorithme génétique ne devienne pas seulement un processus de recherche aléatoire [REN 95].

2.3 Paramètres de base de fonctionnement d'un algorithme génétique

Il est clair que le croisement a un rôle très *important* dans le fonctionnement de l'algorithme génétique (P_c *très élevée*) tandis que le rôle de la mutation est *négligeable* (P_m *très faible*). Il y a trois paramètres de base pour le fonctionnement d'un algorithme génétique : la taille de la population (*maxpop*), la probabilité de croisement (P_c) et la probabilité de mutation (P_m). Trouver de bonnes valeurs à ces paramètres est un problème parfois délicat. La valeur de *maxpop* dépend fort du problème (en particulier de la longueur l du chromosome), tandis que les valeurs usuelles de P_c sont de 0.6 à 0.95 et pour P_m sont de 0.001 à 0.01 [REN 95] [LUD 94].

2.4 Amélioration de l'algorithme génétique standard

Nous venons de décrire l'algorithme génétique standard tel qu'il a été introduit par Holland [HOL 75]. Cette version de base ne constitue pas une bonne approche pour certains problèmes à cause du codage binaire et des processus génétiques.

Plusieurs améliorations de cette approche ont été proposées dans la littérature, le but en est de rendre l'algorithme génétique de base plus performant (améliorer la qualité de la population finale) et plus rapide (réduire le temps de convergence). Ces algorithmes sont appelés *algorithmes génétiques étendus* (*extended genetic algorithms*) [DAV 91]. Les algorithmes génétiques étendus se distinguent des algorithmes génétiques standards au niveau des processus génétiques car ils possèdent la propriété de contrôle à plusieurs niveaux tels qu'au niveau de croisement. Par exemple, il est très important de choisir les chromosomes "*parents*" qui donnent de meilleurs chromosomes "*fils*", en excluant toute possibilité de perdre des parents performants. Cette procédure améliore, d'une manière significative, la vitesse de convergence de l'algorithme. Différents algorithmes génétiques étendus sont explicités en détail dans [DAV 91] [MIC 94].

D'autres versions modifiées de l'algorithme génétique standard ne se basent plus sur un codage binaire des paramètres à optimiser, mais travaillent directement sur les paramètres eux-mêmes [SCH 81] [HOF 91] [GOL 91] [BAC 91]. Ces versions des algorithmes génétiques, appelées *algorithmes génétiques codés-réels* [REN 95], offrent généralement l'avantage d'être mieux adaptées aux problèmes d'optimisation numérique continus et d'accélérer la recherche. Ces versions sont, sans doute, plus proches des besoins et des habitudes des praticiens industriels pour la résolution de problèmes réels [DAV 91]. C'est pourquoi, elles sont plus répandues dans le milieu industriel que les algorithmes génétiques standards. Il existe une classe particulière d'algorithmes génétiques codés-réels : ce sont les *stratégies d'évolution* [REN 95] [SCH 81] [BAC 91] [HOF 91], qui ont la particularité d'introduire dans le chromosome des gènes supplémentaires par mutations. La description des stratégies d'évolution fait l'objet du paragraphe suivant.

3 Stratégies d'évolution

L'approche stratégies d'évolution fut développée comme un moyen pour résoudre les problèmes d'optimisation complexes par un processus stochastique qui possède des paramètres ayant une évolution naturelle [BAC 91] [BAC 96] [MIC 94]. Elle a l'avantage d'être une approche générale, elle s'adapte à tout problème d'optimisation complexe [HOF 91] : la difficulté parfois de coder en binaire les phénotypes (solutions réelles) en génotypes (chromosomes) dans l'algorithme génétique standard ne permet pas son adaptation à certains problèmes d'optimisation. Par contre, cette difficulté ne se pose pas dans les stratégies d'évolution qui maintiennent la nature des variables décrivant le problème à traiter.

Un algorithme SE se base essentiellement sur le processus de mutation, ce dernier est une opération de perturbation évolutive des individus de la population [SCH 81] [HOF 91] [BAC 91]. De nombreuses recherches ont été entreprises pour montrer que seule la mutation constitue un opérateur de recherche performant pour les stratégies évolution [MIC 94].

3.1 Structure de base

Un algorithme SE manipule une *population* de taille *maxpop* constante. Cette population est formée de points candidats appelés *chromosomes*. Chaque chromosome représente le codage d'une solution potentielle au problème à résoudre, il est constitué d'un ensemble d'éléments appelés *gènes*. Ces derniers sont des *réels*.

A chaque itération (*génération*), est créée une nouvelle population à partir de la précédente par application des opérateurs génétiques qui sont : la *sélection* et la *mutation*. L'opérateur de sélection consiste à choisir de manière probabiliste les meilleurs chromosomes au sens du critère de la valeur sélective pour participer à la phase de reproduction. L'opérateur de mutation perturbe avec une *gaussienne* (*bruit gaussien*) les chromosomes sélectionnés de la population en vue de produire de nouveaux chromosomes (fils) permettant d'optimiser davantage la fonction sélective. Cette procédure permet à l'algorithme d'éviter les optimums locaux [HOF 91] [PRE 95] [GLO 94].

La figure 3.7 illustre les différentes étapes qui interviennent dans un algorithme SE standard [GLO 96][PRE 95] :

Génération aléatoire de la population initiale
Calcul de la fonction sélective
Répéter
   Choisir les parents
   Modifier les gènes par mutations (perturbations gaussiennes)
   Sélectionner la génération suivante
   Calcul de la fonction sélective
Jusqu'à satisfaction du critère d'arrêt

Figure 3.7 : *Algorithme SE standard.*

La fonction sélective permet d'associer une valeur à chaque chromosome, appelée *valeur sélective* du chromosome.

A partir d'une population initiale, générée aléatoirement, une nouvelle population est créée en quatre étapes : étape *d'évaluation* dans laquelle l'algorithme SE évalue la fonction sélective de chaque chromosome, étape *de sélection,* étape *de reproduction* avec *mutation* et étape *de choix de la nouvelle génération* par élimination partielle ou totale des parents. Ainsi, le cycle continue tant que le meilleur chromosome de la population semble encore très éloigné de la solution optimale [GLO 94] [GLO 96].

En général, l'étape de choix de la nouvelle génération est incluse dans les étapes de sélection et de mutation : la sélection permet d'avoir une population intermédiaire pop_1 de taille *maxpop*, les chromosomes de cette population subissent des perturbations gaussiennes par le processus de mutation, ce qui donne une nouvelle population pop_2 de même taille. Cette dernière représente la population de la génération suivante.

Le critère d'arrêt (arrêt de l'évolution) correspond au nombre maximal de générations voulu, noté *maxgen*.

3.2 Opérateur de sélection

En principe, le mécanisme de sélection dans un algorithme SE possède les mêmes caractéristiques que celui utilisé dans l'algorithme génétique standard [REN 95]. L'exploration s'effectue à partir d'une population initiale constituée par un ensemble de chromosomes défini aléatoirement. A chaque génération, la sélection évalue l'adaptabilité de chaque chromosome, c'est à dire que l'on définit les meilleurs par rapport à la fonction sélective caractéristique du problème. Les chromosomes les plus adaptés forment la nouvelle population tandis que les autres sont tout simplement éliminés. Afin de conserver la taille de la population, le nombre de copies d'un chromosome dans la population est proportionnel à son adéquation [MIC 94].

3.3 Opérateur de mutation

Le processus de mutation consiste à ajouter un bruit gaussien sur les gènes d'un chromosome sélectionné pour générer un nouveau chromosome. Cet opérateur joue un rôle très important dans les stratégies d'évolution, car il permet l'enrichissement des espaces de recherches tout en se rapprochant de l'optimum global.

Dans les algorithmes SE classiques, deux difficultés des mutations sont rencontrées : la nécessité d'adapter le bruit gaussien au domaine de variation de chaque composante (de données) et la qualité de l'opérateur de mutation [GLO 94]. L'opérateur de mutation doit assurer par une perturbation gaussienne la convergence de l'algorithme vers l'optimum global et non vers les optimums locaux. Les performances d'un algorithme basé sur les stratégies d'évolution sont jugées suivant l'opérateur de mutation utilisé.

Plusieurs contributions sont menées dans ce cadre pour remédier à ces deux problèmes. Une des formes d'opérateur de mutation proposées dans la littérature [SCH 81] [SOL 81] [HOF 91] [MIC 94] [BAC 96] [FOG 94] [FOG 97] [SAR 97], est donnée par l'expression suivante :

$$chr^* = chr + \sigma \times N(0,1) \qquad (3.2)$$

où *chr** représente le nouveau chromosome produit par perturbation gaussienne du chromosome *chr*. $N(0,1)$ est une gaussienne de moyenne 0 et de variance 1 (loi normale de moyenne 0 et de variance 1) générée pour le chromosome *chr* et σ est appelé *paramètre stratégique*. Pour un problème de minimisation à fonction sélective positive, σ doit être élevé quand la valeur sélective de *chr* est élevée (càd *chr* est loin de l'optimum global), donnant ainsi une grande perturbation à *chr*. Quand la valeur sélective de *chr* est faible, le paramètre σ doit prendre des valeurs très faibles pour ne pas trop s'éloigner de l'optimum global.

4 Eléments constitutifs principaux d'une méthode évolutionniste

Quatre propriétés importantes coexistent dans une approche évolutionniste (AG et SE) et rendent celle-ci avantageuse par rapport aux nombreuses méthodes traditionnelles de recherche d'extremum (méthodes basées sur le *gradient*, méthode de *moindre-carrée*, etc.) [REN 95] [HOL 92] [HOF 91]:

Utilisation minimale d'information a priori :

La méthode évolutionniste ne nécessite que la valeur sélective d'un chromosome. Elle ne repose sur aucune autre information telles que la continuité et la différentiabilité de la fonction sélective.

Parallélisme :

Pour réaliser son objectif, l'algorithme évolutionniste travaille en parallèle sur un certain nombre de points candidats et non pas sur un seul point. Le traitement parallèle permet un déplacement rapide dans l'espace de recherche. Le parallélisme est aussi très attrayant dans l'optique d'une mise en œuvre informatique sur machine-parallèle.

Manipulation d'entités arbitraires :

Les entités que manipule l'algorithme évolutionniste ne sont pas forcément numériques. En fait, un algorithme évolutionniste peut travailler sur des entités quelconques (n'importe quel espace de recherche) à condition qu'elles soient constituées des gènes appartenant à un alphabet sur lequel il est possible de définir les opérateurs génétiques.

Balance Exploration / Exploitation :

La recherche de solution dans un espace complexe implique souvent un compromis entre deux objectifs apparemment contradictoires : l'exploitation des meilleures solutions disponibles à un moment donné et une exploration robuste de l'espace des solutions possibles.

Les opérateurs génétiques sont appliqués selon des règles probabilistes plutôt que des règles déterministes. L'introduction du hasard permet à l'algorithme évolutionniste de gérer de façon presque optimale le compromis entre l'exploration de l'espace de recherche et l'exploitation des résultats.

5 Différences entre les AG et les SE

Dans l'algorithme génétique standard, la variable qui décrit le problème d'optimisation à traiter est représentée sous forme d'une chaîne binaire. Cette représentation est analogue à celle rencontrée en ADN utilisée pour coder les traits des organismes réels. L'avantage de la représentation binaire est double : d'une part, elle favorise le codage d'une large catégorie de problèmes complexes; et d'autre part, elle permet le passage d'une représentation haut-niveau (paramètres réels) à une représentation bas-niveau plus puissante sur laquelle des opérateurs généraux vont pouvoir agir pour faire évoluer le système. De cette façon, les problèmes continus sont traités comme des problèmes discrets [LIE 90]. Cependant, les inconvénients majeurs de la représentation binaire résident, d'une part, dans la difficulté d'accomplir l'opération de codage, et d'autre part, dans l'opération de décodage nécessaire pour l'évaluation des chromosomes. En effet, avant de procéder aux opérations génétiques, l'algorithme génétique est amené à coder les variables réelles caractérisant le problème traité sous forme de chromosomes binaires, une fois les chromosomes subissent les opérations génétiques, l'algorithme décode les nouveaux chromosomes générés pour les évaluer. Le processus de décodage met un temps de calcul non négligeable, ce qui entraîne parfois une lenteur de la vitesse de convergence pour certains problèmes d'optimisation [GLO 94].

Le problème de décodage ne se pose pas dans un algorithme SE, car il maintient la nature des variables décrivant le problème à traiter, c'est à dire il opère directement sur la paramètres eux-mêmes (codage réel).

Les algorithmes génétiques, par le biais des croisements, mettent l'accent sur le lien génétique entre chromosomes "*parents*" et chromosomes "*enfants*". Par contre, les stratégies d'évolution, par le biais des mutations, mettent l'accent sur le comportement : un chromosome "*enfant*" engendré par l'addition d'un bruit gaussien sur les gènes de ses parents est supposé avoir un comportement similaire. Le processus de croisement ne fait pas partie des constituants d'un algorithme SE [PRE 95] [HOF 91] [BAC 91].

La mutation joue un rôle très important dans les SE, c'est une opération de perturbation évolutive de toute la population. Néanmoins, ce processus a un rôle théoriquement plus marginal dans un AG et opère sur quelques chromosomes avec une probabilité de mutation donnée *a priori*.

6 Résolution d'un problème par méthode évolutionniste

L'application d'une méthode évolutionniste à la résolution d'un problème nécessite :

- De coder les solutions potentielles à ce problème en des chaînes finies de caractères afin de constituer les chromosomes.
- De trouver une fonction sélective permettant une bonne discrimination entre les chromosomes.
- De définir les opérateurs génétiques qui seront utilisés.

6.1 Codage du problème en une suite finie de caractères

Le codage est défini comme étant une représentation de la variable réelle (phénotype) qui caractérise le problème à optimiser en chromosome (génotype). Chaque chromosome est constitué d'un ensemble de gènes appartenant à un alphabet (binaire, réel, symboles, etc.). La représentation est un problème crucial lors de l'application des algorithmes évolutionnistes

[REN 95]. Il n'existe pas un type de codage adapté à tous les problèmes, la technique de représentation dépend du problème à résoudre [LUD 94].

Le problème de représentation a fait l'objet de plusieurs recherches qui sont menées en vue de proposer un ensemble de règles permettant d'aboutir à un bon codage [MIC 94]. Goldberg [GOL 89] a proposé d'appliquer les deux règles suivantes lors de la recherche d'un codage :

- Favoriser l'alphabet de cardinal minimal (il ne peut être inférieur à 2).
- Favoriser un codage dans lequel chaque gène a un sens vis à vis du problème à résoudre.

Autres auteurs ont souligné notamment [LUD 94] que :

- La longueur d'un chromosome doit être minimale. Ceci dans le but de converger le plus rapidement possible vers l'optimum global, plus la taille du chromosome est faible plus la solution optimale est rapidement atteinte.
- Le codage doit être choisi tel qu'une faible variation du génotype n'entraîne pas une grande variation du phénotype.

6.2 Choix de la fonction sélective

La fonction sélective dépend du problème à résoudre (*elle traduit le comportement à optimiser*). Cette fonction permet de calculer la valeur sélective de chaque chromosome. Autrement dit, la fonction sélective joue le rôle de l'environnement du fait qu'elle évalue la qualité de chaque chromosome en terme de sa valeur sélective. Elle doit être *positive* pour que l'opérateur de sélection fonctionne correctement [LUD 94].

Dans le cas où le problème à résoudre est *contraint*, les solutions qui ne respectent pas la contrainte doivent être éliminées. A cette fin, plusieurs techniques sont proposées, parmi lesquelles les suivantes [LIE 91] :

- Le mécanisme de reproduction est répété jusqu'à ce qu'un chromosome respectant la contrainte soit généré.

- Les opérateurs génétiques sont adaptés de manière à ce que seuls les chromosomes respectant la contrainte soient générés.

7 Quelques techniques utilisées par les méthodes évolutionnistes

7.1 Techniques de remplacement

Il s'agit de spécifier la façon par laquelle les nouveaux chromosomes générés remplacent les parents pour constituer la population de la génération suivante. Plusieurs techniques de remplacement sont proposées, parmi lesquelles figurent les méthodes suivantes :

- *Technique de remplacement générationnel* : elle consiste à remplacer tout les chromosomes de l'ancienne génération [LUD 94].
- *Technique élitiste* : elle consiste à garder intact le meilleur chromosome de la population lors du passage d'une génération à la suivante [REN 95].

7.2 Technique de sélection par rangement

Elle consiste à ranger les chromosomes par ordre décroissant de leur valeur sélective (par ordre croissant pour un problème de minimisation) et à attribuer à chaque chromosome chr_i une probabilité de sélection P_i selon son rang r_i [BAK 85] :

$$P_i = \frac{1}{maxpop}\left(\varphi - \frac{(r_i - 1)(2\varphi - 2)}{maxpop - 1}\right) \quad (3.3)$$

φ : *pression de sélection* $\varphi \in [1,2]$

La technique de sélection par rangement permet d'éviter les inconvénients de la sélection proportionnelle, qui sont principalement [BAK 85] :

- Si un chromosome est de valeur sélective très supérieure à la moyenne (très inférieure à la moyenne pour un problème de minimisation), il constituera presque exclusivement la population suivante et on aura perdu toute diversité (*risque de convergence prématurée*).

- S'il y'a peu de différence entre les valeurs sélectives des chromosomes, la recherche *stagnera*.

8 Conclusion

Nous avons présenté dans ce chapitre les caractéristiques et les concepts de base des méthodes évolutionnistes. Fondamentalement, un algorithme évolutionniste constitue une méthode puissante en optimisation de fonctions. En effet, l'heuristique de recherche, le parallélisme, la gestion optimale du compromis exploration / exploitation, la manipulation des entités arbitraires et notamment l'utilisation minimale d'information *a priori*, rendent l'algorithme évolutionniste plus avantageux par rapport à certaines méthodes classiques de recherche d'optimum.

Plusieurs études ont montré effectivement les bonnes performances de ces approches évolutionnistes. Les algorithmes évolutionnistes sont particulièrement recommandés quand le problème est trop complexe pour être traité analytiquement et quand on ne connaît presque rien de l'espace de recherche.

Nous avons vu qu'un algorithme évolutionniste offre la possibilité de trouver la solution à un problème dès lors qu'il est possible d'exprimer ce problème sous forme d'une fonction sélective et de coder ses solutions par une suite finie de caractères.

Pour mettre en œuvre, avec succès, un algorithme génétique, il faut choisir avec soin les trois paramètres de base suivants : la probabilité de croisement P_c, la probabilité de mutation P_m et la taille de la population *maxpop*. Par ailleurs il faut définir les opérateurs génétiques qui seront utilisés.

Cependant, la mise en œuvre d'un algorithme SE nécessite de bien définir l'opérateur de mutation c'est à dire la perturbation gaussienne. Nous notons que les performances d'un algorithme basé sur les stratégies d'évolution dépendent étroitement de la qualité de l'opérateur de mutation utilisé.

Dans le cas de la classification de données, les problèmes posés se ramènent à une optimisation des critères. Dans le chapitre suivant, nous allons voir l'application de l'algorithme génétique standard à la résolution du problème de sélection des attributs qui constitue une étape très délicate pour la classification. Dans les chapitres 6 et 7, nous abordons l'amélioration des performances de l'algorithme de classification C-moyennes floues par les stratégies d'évolution. Cela permettra de remédier aux inconvénients de cet algorithme à savoir : l'initialisation, les optimums locaux et le nombre de classes.

Chapitre 4

Sélection d'un espace d'attributs optimal par AG

1 Introduction

La classification des objets *nécessite* une sélection robuste des attributs qui permettent de bien discriminer les classes représentatives de différents objets dans l'espace d'attributs [DAS 97] [DEB 98].

La sélection des attributs est une procédure *très délicate* pour la classification [LUD 97] [FIR 96] [TOM 88] [KIT 86][DAS 97] [ROM 73] [DEB 98]. Ce problème demande *toute l'expérience* et *l'intuition* du traiteur de données (l'analyste) [COC 95][POS 87]. Il est très important de sélectionner les attributs les plus pertinents et donc représentatifs en vue de concevoir une bonne classification. Ce choix « *optimal*" conduit à une *rapidité de décision* et peut jouer, pour la classification, le rôle de *filtre* face au bruit apporté par les attributs non représentatifs. Il existe actuellement plusieurs méthodes et outils de sélection des attributs [COC 95].

Nous présentons ici une méthode basée sur une *approche génétique* qui optimise le choix des attributs par la minimisation d'une *fonction coût*. Cette fonction traduit un critère particulier inspiré de l'approche statistique et de la notion de corrélation. Les attributs sont regroupés dans un vecteur appelé *vecteur attribut*. La sélection d'espace d'attributs les plus pertinents revient à *optimiser* ce vecteur.

2 Formalisation du problème de sélection des attributs

2.1 Eléments descriptifs

Considérons un ensemble de M objets $\{O_1, O_2, ..., O_i, ..., O_M\}$ caractérisés par N attributs regroupés sous la forme d'un vecteur ligne $V = (a_1\ a_2 ... a_j ... a_N)$. Soit $R_i = (a_{ij})_{1 \leq j \leq N}$ un vecteur ligne de $\boldsymbol{R}^N$ dont la $j^{ème}$ composante a_{ij} est la valeur prise par l'attribut a_j sur l'objet O_i. Soit $E_V = \{a_1, a_2, ..., a_j, ..., a_N\}$. Soit *mat_va* la matrice de M lignes (représentant les objets O_i) et de N colonnes (représentant les attributs a_j), définie par :

$$mat\_va = (a_{ij})_{\substack{1 \leq i \leq M \\ 1 \leq j \leq N}} \tag{4.1}$$

On appelle V *vecteur attribut*, R_i *l'observation* associée à l'objet O_i ou *réalisation* du vecteur attribut V pour cet objet, $\boldsymbol{R}^N$ *l'espace d'observation* ou *l'espace d'attributs* [HAM 98][COC 95] [POS 87], E_V *l'ensemble associé* à V et *mat_va matrice d'observation associée* à V. La *i*ème ligne de *mat_va* est la *réalisation* R_i. Chaque réalisation R_i appartient à une classe CL_s, $s=1, ..., C$.

Soit col_{a_j} le vecteur de dimension M associé à l'attribut a_j, défini par :

$$col_{a_j} = (a_{ij})_{1 \leq i \leq M} \tag{4.2}$$

$$= j^{ème}\ colonne\ de\ mat\_va$$

Soit m_{a_j} la moyenne de l'attribut a_j, définie par :

$$m_{a_j} = \frac{1}{M} \sum_{i=1}^{M} a_{ij} \tag{4.3}$$

Soit σ_{a_j} *l'écart-type* de l'attribut a_j, définie par :

$$\sigma_{a_j} = \left(\frac{1}{M} \sum_{i=1}^{M} \left(a_{ij} - m_{a_j} \right)^2 \right)^{1/2} \quad (4.4)$$

Le *coefficient de corrélation linéaire* entre deux attributs a_j et a_l de E_V, noté $r(a_j, a_l)$, est défini par :

$$r(a_j, a_l) = \frac{|\text{cov}(col_{a_j}, col_{a_l})|}{\sigma_{a_j} \sigma_{a_l}} \quad (4.5)$$

Soit $m_{(a_j, CL_s)}$ la *moyenne* de l'attribut a_j des réalisations de la classe CL_s, définie par :

$$m_{(a_j, CL_s)} = \frac{1}{\text{card}(CL_s)} \sum_{\substack{i \\ R_i \in CL_s}} a_{ij} \quad (4.6)$$

card(CL_s) : *cardinal de* CL_s.

Soit $\sigma_{(a_j, CL_s)}$ *l'écart-type* de l'attribut a_j des réalisations de la classe CL_s, définie par :

$$\sigma_{(a_j, CL_s)} = \left(\frac{1}{\text{card}(CL_S)} \sum_{\substack{i \\ R_i \in CL_S}} \left(a_{ij} - m_{(a_j, CL_S)} \right)^2 \right)^{1/2} \quad (4.7)$$

2.2 Formalisation du problème d'optimisation

Nous disposons d'un vecteur attribut initial $V_{init} = (a_1\ a_2\ ...\ a_j\ ...\ a_N)$ et de M réalisations $(R_i)_{1 \leq i \leq M}$ de ce vecteur. Chaque réalisation R_i, qui est associée à l'objet O_i, appartient à une classe CL_s, $s=1, ..., C$. Le nombre de classes C est connu *a priori* (classification supervisée). Les classes CL_s sont définies comme suit :

$$(R_i)_{1+b_{s-1} \leq i \leq b_s} \in CL_s \qquad (4.8)$$

Avec

$b_0 = 0$, $b_C = M$

$b_1, b_2, ..., b_{C-1}$: entiers délimitants les C classes.

La sélection des attributs ou le choix du vecteur attribut est une procédure très délicate pour la classification. En effet, nous nous trouvons devant deux problèmes liés :

- Quel est le nombre optimal q d'attributs à sélectionner, sachant que nous disposons de N attributs et que nous voulons réduire le temps de la classification (moins de volume de données donc moins de temps pour la classification).
- Quels sont les q attributs les plus pertinents au sens des performances de la classification (i.e. les q attributs qui discriminent mieux les classes représentatives de différents objets dans l'espace d'attributs) sachant qu'il y'a C_N^q possibilités (i.e. combinaisons de q attributs parmi les N qui existent).

L'objectif est d'extraire parmi les N attributs $(a_j)_{1 \leq j \leq N}$ du vecteur V_{init}, q ($q << N$) attributs les plus pertinents au sens des performances de la classification. Les q attributs concernés constituent l'espace d'attributs optimal (i.e. le vecteur attribut optimal noté V_{opt}).

3 Méthodes de sélection des attributs

Il existe dans la littérature plusieurs critères pour la sélection des attributs. Ces critères de sélection ou de discrimination ont pour but de mesurer le pouvoir discriminant d'un ensemble d'attributs. Deux approches sont alors possibles, l'approche *Wapper* et l'approche *filter* [LEZ 00][DAS 97].

3.1 Approche *Wapper*

L'approche *Wapper* utilise directement le taux de reconnaissance du classifieur comme critère de sélection des espaces d'attributs. La procédure liée à ce critère consiste à réaliser une classification sur un échantillon test de grande taille et à mesurer le pourcentage d'observations bien classées. Le sous-ensemble le plus discriminant est celui pour lequel ce pourcentage est maximum [DID 82]. La procédure de sélection s'arrête alors dès qu'un maximum est atteint. L'itération correspondant à ce maximum donne la dimension de l'espace d'attributs. Ce critère est celui utilisé par Orteu pour sélectionner les trois composantes couleur les plus discriminantes parmi celles issues de différents systèmes de représentation de la couleur [ORT 91].

Ce critère s'avère d'une grande précision puisque l'espace d'attributs est sélectionné en utilisant l'algorithme de classification des données. Cependant, ce critère qui nécessite à chaque itération et pour chaque espace candidat d'effectuer la classification des données, peut devenir fort coûteux en temps de calcul dès que le nombre d'attributs est élevé et dès que l'algorithme de classification utilisé est lui même coûteux en temps de calcul [VAN 00].

3.2 Approche *filter*

L'approche *filter* se contente d'estimer le pouvoir discriminant d'un espace d'attributs à partir des mesures statistiques sur l'échantillon d'apprentissage (covariance, apport d'information, etc.). L'évaluation du pouvoir discriminant d'un espace d'attributs suppose alors que plus les classes sont séparées et compactes, plus la valeur du critère est grande ou petite [VAN 00]. C'est pourquoi les critères que nous présentons dans ce paragraphe sont basés sur la mesure de séparabilité et de compacité des classes [ROM 73] [DID 82][CEL 89]. Ces mesures nécessitent la connaissance de certains éléments permettant de décrire et caractériser les classes [VAN 00].

3.2.1 Définitions

Soit $V_{init} = (a_1\ a_2\ ...\ a_j\ ...\ a_N)$ un vecteur attribut initial et $(R_i)_{1 \leq i \leq M}$ M réalisations de ce vecteur. Chaque réalisation R_i, qui est associée à l'objet O_i, appartient à une classe CL_s, $s=1$, ..., C.

Soit $V_{(m)}$ le vecteur des moyennes de chaque attribut, défini par :

$$V_{(m)} = \left(m_{a_j}\right)_{1 \leq j \leq N} \quad (4.9)$$

Soit $V_{(m,CL_s)}$ le vecteur des moyennes de chaque attribut des réalisations (individus) de la classe CL_s, défini par :

$$V_{(m,CL_s)} = \left(m_{(a_j,CL_s)}\right)_{1 \leq j \leq N} \quad (4.10)$$

La *matrice de variance totale* $T_{V_{init}}$ associée au vecteur attribut V_{init} est définie par [COC 95] [VAN 00] :

$$T_{V_{init}} = \frac{1}{M} \sum_{i=1}^{M} \left(R_i^t - V_{(m)}\right)\left(R_i^t - V_{(m)}\right)^t \quad (4.11)$$

La *matrice intra-classe* $W_{V_{init}}$ associée au vecteur attribut V_{init} est définie par [COC 95] [VAN 00] :

$$W_{V_{init}} = \frac{1}{M} \sum_{s=1}^{C} \sum_{\substack{i \\ R_i \in CL_s}} \left(R_i^t - V_{(m,CL_s)}\right)\left(R_i^t - V_{(m,CL_s)}\right)^t \quad (4.12)$$

$W_{V_{init}}$ est la somme des matrices de covariance de chacune des classes et représente une mesure de compacité des classes. Elle est appelée aussi *matrice de compacité* [VAN 00].

La *matrice inter-classe* $B_{V_{init}}$ associée au vecteur attribut V_{init} est définie par [COC 95] [VAN 00] :

$$B_{V_{init}} = T_{V_{init}} - W_{V_{init}} \quad (4.13)$$

B_V représente une mesure de séparabilité des classes. Elle est appelée aussi *matrice de séparabilité* [VAN 00].

Les trois matrices présentées $T_{V_{init}}$, $W_{V_{init}}$ et $B_{V_{init}}$ sont de dimension $N \times N$ et servent souvent à établir un critère qui mesure le pouvoir discriminant d'un espace d'attributs [VAN 00]. Pour estimer le pouvoir discriminant de q attributs parmi les N qui existent, on utilise les matrices de variance totale, intra-classe et inter-classe mais restreintes aux q paramètres considérés [COC 95]. Soit V_k ($k \in N^*$) un vecteur attribut arbitraire, de dimension q, extrait de V_{init} et soit T_{V_k}, W_{V_k} et B_{V_k} les matrices de variance totale, intra-classe et inter-classe associées à V_k. Ces trois matrices sont de dimension $q \times q$.

3.2.2 Critère de la trace

Ce critère est proposé dans les ouvrages [ROM 73][DID 82] [CEL 89][AUR 91] [VAN 00][COC 95]. La matrice de covariance inter-classe est comparée à la matrice de covariance totale par la relation [COC 95] [VAN 00] :

$$J_{trace}(q,V_k) = trace(T_{V_k}^{-1} B_{V_k}) \quad (4.14)$$

trace(X) : trace de la matrice X

Ce critère est à maximiser : plus la valeur de J_{trace} est grande plus l'espace d'attributs considéré est discriminant [COC 95] [VAN 00].

3.2.3 Critère de Hotelling

Ce critère est suggéré par Lawley en 1938 [VAN 00] et a été proposé par Hotelling en 1951[DID 82][TOM 88]. Ce critère est basé sur la mesure des matrices de compacité et de séparabilité des classes. La trace du rapport entre la matrice de compacité et celle de séparabilité donne la valeur du critère :

$$J_{Hot}(q,V_k) = trace(B_{V_k} W_{V_k}^{-1}) \quad (4.15)$$

Ce critère, qui est à maximiser aussi [VAN 00], est utilisé par Firmin [FIR 96] [FIR 97] et par Masson [MAS 92] pour sélectionner les attributs les plus discriminants.

3.2.4 Critère de la valeur propre maximum

Ce critère est présenté par Auray [AUR 91]. Il est basé sur la mesure du maximum de la plus grande valeur propre du rapport des matrices de dispersion totale et de séparabilité :

$$J_{vpm}(q,V_k) = \max_{l=1}^{q} \lambda_l(T_{V_k}^{-1} B_{V_k}) \qquad (4.16)$$

$\lambda_l(X)$: $l^{ème}$ valeur propre de la matrice X.

Ce critère est à maximiser [VAN 00] [AUR 91].

3.2.5 Distance de Mahalanobis et distance de Bhattacharya

Ces deux critères ne sont valables que pour deux classes (de centres d'inertie g_1, g_2 et de densités de probabilité $f_1(x)$ et $f_2(x)$). Il est cependant possible de les appliquer dans le cas multiclasse en considérant deux groupes de classes [COC 95].

- *Distance de Mahalanobis :*

$$J_{Mah}(q,V_k) = (g_1 - g_2)^t W_{V_k}^{-1}((g_1 - g_2) \qquad (4.17)$$

g_1 et g_2 sont les centres d'inertie calculés dans l'espace de dimension q correspondant à V_k. Cette distance est une mesure du multiple d'écarts-type séparant les centres d'inertie des deux classes, en supposant les distributions normales. Alors, plus cette distance est importante, plus la probabilité d'erreur est faible, car une observation devra s'écarter beaucoup de sa moyenne, avant d'être confondue avec l'autre classe [COC 95].

- *Distance de Bhattacharya:*

$$J_{Bha}(q,V_k) = -\ln \int_{\Re^q} \sqrt{f_1(x) f_2(x)} dx \qquad (4.18)$$

$f_1(x)$ et $f_2(x)$ sont les fonctions de densités de probabilité estimées dans l'espace de dimension q correspondant à V_k. Cette distance proposée par Bhattacharya dans [BHA 67] est une mesure de recouvrement des fonctions de densités de probabilité. Plus ces fonctions sont différentes, plus l'intégral du produit est faible et plus l'opposé de son logarithme est important. La difficulté d'estimer les densités de probabilité conduit à limiter la dimension de l'espace d'attributs [COC 95].

3.3 Autres critères

La liste des critères citée ci-dessus n'est pas exhaustive. Il existe d'autres critères basés sur la mesure de compacité et de séparabilité des classes. Certains critères consistent à ne considérer que les attributs donnant les moins bonnes matrices de compacité et de séparabilité, ce qui correspond à se placer dans le pire des cas pour chaque espace d'attributs. Si le critère proposé donne un fort pouvoir discriminant, c'est que l'espace d'attributs considéré est pertinent [VAN 00]. De tels critères ont aussi été testés mais s'avèrent moins robustes dès que de nombreuses observations sont prélevées [VAN 97a] [VAN 97b] [VAN 97c] [VAN 98].

D'autres critères, tel que le critère de Pillai ou celui de la plus grande racine de Roy sont proposés par Tomassone [TOM 88]. Lezoray propose dans [LEZ 00] une étude comparative de divers critères ainsi que plusieurs procédures de sélection d'attributs. Nous citons enfin, l'analyse en composante principale (ACP ou transformée de Karhunen-Loeve) [DID 82][LEB 82] et le critère informationnel d'Akaike [AKA 74] [COU 98].

3.4 Procédure optimale de sélection des attributs

La procédure optimale de sélection des attributs consiste à tester tous les q-uplets d'attributs, et à sélectionner le meilleur, puis à recommencer avec $q+1$ attributs jusqu'à ce que la qualité de l'ensemble d'attributs décroisse [COC 95].

En pratique, l'application d'une procédure sous-optimale de sélection des attributs pas à pas conduit à une complexité algorithmique et est coûteuse en temps de calcul [COC 95]: on sélectionne le meilleur attribut, puis on sélectionne l'attribut qui, couplé avec le meilleur attribut, fournit le meilleur couple d'attributs, puis on sélectionne l'attribut qui, couplé avec le meilleur couple d'attributs, fournit le meilleur triplet d'attribut, etc. Des améliorations à cette méthode sont proposées dans [CEL 82][DID 82].

3.5 Détermination de la dimension de l'espace

Il est difficile de déterminer le nombre optimal d'attributs à sélectionner [VAN 00] [YAN 96][DEB 98]. Rien ne nous permet d'affirmer qu'un espace de dimension $q\leq3$ est forcément celui qui fournira les meilleurs résultats. Et rien ne nous permet aussi d'affirmer qu'un espace de grande dimension est celui qui donnera de bons résultats.

Cocquerez et al. [COC 95] soulignent notamment que le nombre d'attributs sélectionnés doit être comparable au nombre de classes et ajoutent qu'il serait illusoire de penser qu'un grand nombre d'attributs apporte une meilleure discrimination, car l'information qu'ajoutent les attributs excédentaires est négligeable devant le bruit qu'ils apportent.

Postaire [POS 87] indique que la sélection des attributs dépend de la nature des objets à classer et de la vitesse d'exécution recherchée. Il note aussi, qu'il est très intéressant de réduire le nombre d'attributs à prendre en considération car la qualité de discrimination n'est pas une fonction croissante du nombre d'attributs utilisés. Il faut, en effet, s'efforcer d'éliminer les attributs peu discriminants qui dégradent la qualité de la classification.

Dans [CEL 89], les auteurs indiquent que chaque attribut apporte d'une part un effet positif, et d'autre part un effet négatif par l'erreur dont est entaché son coefficient dans la fonction discriminante. A partir de certain rang, l'effet négatif prédomine. La sélection doit donc s'arrêter à partir de ce rang. Ce qui permet d'avoir la dimension. Cette remarque nécessite pour la mettre en œuvre, d'utiliser une procédure sous-optimale de sélection des attributs. Cela entraîne une complexité algorithmique et demande un temps de calcul très important comme nous l'avons mentionné dans le paragraphe précédent.

4 Etude comparative de quelques critères sur des images de textures

Nous proposons dans ce paragraphe d'étudier les critères J_{trace}, J_{Hot} et J_{vpm} issus de l'approche *filter* sur des images de textures. Les attributs considérés dans ce cas sont les paramètres de textures.

La complexité du problème de sélection des attributs, conduit à utiliser l'approche génétique. En effet, la mise en œuvre pratique des critères choisis présente une complexité algorithmique et est coûteuse en temps de calcul.

Par ailleurs, un vecteur V_k de dimension q est codé dans un AG sous forme de chaînes de bits binaires, le croisement et la mutation de ces chaînes de bits permet facilement de générer d'autres vecteurs de même dimension. De plus, un AG manipule une population de solutions en même temps à chaque itération, cette nature parallèle permet de balayer rapidement l'espace de recherche pour chercher la solution optimale, ce qui permet de réduire le temps de calcul. La détermination de la solution optimale est contrôlée par une fonction sélective discriminante, qui traduit le critère de sélection.

4.1 Optimisation des critères étudiés par algorithme génétique

4.1.1 Codage proposé

Soit V_k ($k \in \mathbf{N}^*$) un vecteur attribut arbitraire extrait de V_{init}, V_k peut avoir une à N composantes, donc à chaque V_k est associé le chromosome chr_k de N gènes *binaires* g_{kj} [NAS 01] [NAS 02]:

avec
$$chr_k = (g_{kj})_{1 \le j \le N} \quad (4.19)$$

$$g_{kj} = \begin{cases} 1 & \text{si } a_j \in E_{V_k} \\ 0 & \text{sinon} \end{cases} \quad (4.20)$$

chr_k est une matrice ligne binaire de dimension N. Ce codage a un sens vis à vis du problème à résoudre car chaque gène g_{kj} de locus j code la présence ou l'absence de l'attribut a_j dans le vecteur attribut V_k.

Le vecteur V_k codé par chr_k, ne peut être une solution possible au problème à résoudre que si :

$$Dim(V_k) = \sum_{j=1}^{N} g_{kj} = q \quad (4.21)$$

Dans l'algorithme génétique, tout chromosome codant un vecteur attribut ne respectant pas cette contrainte est éliminé. A cette fin, les gènes de ce chromosome sont modifiés aléatoirement dans la population concernée jusqu'à ce que la contrainte soit vérifiée.

Exemple :

Si $N = 4$, $V_{init} = (a_1 \, a_2 \, a_3 \, a_4)$, $q = 2$ et $V_k = (a_1 \, a_3)$ alors $E_{Vk} = \{a_1, a_3\}$ et $chr_k = (1\ 0\ 1\ 0)$.

4.1.2 Fonctions sélectives proposées

Soit V_k $(k \in \mathbb{N}^*)$ un vecteur attribut extrait de V_{init}, de dimension q, codé par chr_k, pour calculer la valeur sélective de chr_k codant V_k, nous définissons les fonctions sélectives suivantes correspondantes aux différents critères choisis :

$$F_{trace}(chr_k) = \frac{1}{trace(T_{V_k}^{-1} B_{V_k})} \quad (4.22)$$

$$F_{Hot}(chr_k) = \frac{1}{trace(B_{V_k} W_{V_k}^{-1})} \quad (4.23)$$

$$F_{vpm}(chr_k) = \frac{1}{\max_{l=1}^{q} \lambda_l (T_{V_k}^{-1} B_{V_k})} \quad (4.24)$$

V_k est la solution *optimale* au problème à résoudre selon le critère choisi si $F(chr_k)$ est minimale ($F = F_{trace}, F_{Hot}, F_{vpm}$).

4.1.3 Opérateurs génétiques utilisés

Nous avons adopté pour la phase de sélection, *la technique de sélection par rangement* [BAK 85] et pour la phase de reproduction (croisement un_point et mutation simple) *la technique élitiste* [REN 95] (voir les paragraphes 7.1 et 7.2 du chapitre 3).

4.1.4 Algorithme génétique proposé

Chaque utilisateur conçoit en général son propre algorithme génétique suivant son application propre : les *algorithmes génétiques simples* (*AGS*) (ou les algorithmes génétiques de base), sur lesquels une grande partie de la théorie a été établie, ont des côtés peu pratiques parce qu'on a voulu conserver leur indépendance par rapport aux problèmes. Il est donc normal que chacun y ajoute quelques modifications qui en améliorent l'efficacité, l'essentiel est de conserver les principes de base [REN 95].

Dans ce contexte, l'algorithme génétique simple (AGS) choisi est adapté au problème de sélection. La figure 4.1 présente les différentes étapes de cet algorithme [NAS 01] [NAS 02].

Phase 1 :

1.1. Fixer :
- La taille de la population *maxpop*.
- La taille du chromosome N
- Le nombre maximal de génération *maxgen*.
- Le nombre de classes C et les entiers b_1, b_2, ..., b_{C-1} délimitants les C classes CL_s..
- Le nombre q de paramètres à sélectionner ou dimension de l'espace.
- La probabilité de mutation P_m ($P_m = 0.005$)
- La probabilité de croisement P_c ($P_c = 0.9$)

1.2. Générer aléatoirement la population P
$$P = \{chr_1, .., chr_k, ..., chr_{maxpop}\}$$

1.3. Vérifier pour chaque *chr* de P la contrainte (*tout chr de P ne satisfaisant pas cette condition est éliminé et remplacé par un autre vérifiant cette dernière*) :
$$\sum_{j=1}^{N} g_{kj} = q$$

1.4. Calculer pour chaque *chr* de P sa valeur sélective $F(chr)$.

Phase 2 :

Répéter

2.1. Ranger les *chr* dans P du meilleur vers le mauvais (*par ordre croissant de F*).

2.2. Sélectionner les meilleurs *chr* (*remplacer dans P les maxpop /2 derniers chromosomes, un par un, par un chromosome tiré au hasard parmi les maxpop /2 premiers meilleurs*).

2.3. Croisement un_point (*les parents sont tirés au hasard dans P, les fils remplacent les parents dans P et le premier meilleur chr de P reste inchangé selon la technique élitiste*).

2.4. Mutation simple (*les chr initiaux sont choisis aléatoirement dans P, les chr mutants remplacent les chr initiaux dans P et le premier meilleur chr de P reste inchangé selon la technique élitiste*).

2.5. Vérifier pour chaque *chr* de P la contrainte (*tout chr de P ne satisfaisant pas cette condition est éliminé et remplacé par un autre vérifiant cette dernière*) :
$$\sum_{j=1}^{N} g_{kj} = q$$

(*La population P obtenue après la vérification de la contrainte constitue la population de la prochaine génération*)

2.6. Calculer pour chaque *chr* de P sa valeur sélective $F(chr)$.

Jusqu'à *Nb_gen (Nombre de génération)* > *maxgen*

Figure 4.1 : *Algorithme génétique utilisé.*

4.2 Test sur des images de textures

Nous avons retenu dans ce test les recommandations de Postaire et de Cocquerez et al. citées dans le paragraphe 3.5, et nous avons considéré 120 images de textures réparties en trois classes de textures Sol_1, Sol_2 et Sol_3 (figure 4.2). Chaque classe contient 40 images (voir Annexe). Les trois textures représentent trois types de sol différents. Ce test est réalisé avec $q = 2$. La valeur de q retenue est d'une part comparable au nombre de classes que nous avons (trois classes) et d'autre part traduit le fait que nous nous intéressons à la vitesse d'exécution.

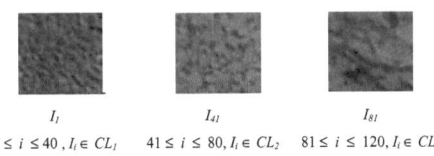

I_1 I_{41} I_{81}
$1 \leq i \leq 40, I_i \in CL_1$ $41 \leq i \leq 80, I_i \in CL_2$ $81 \leq i \leq 120, I_i \in CL_3$

Figure 4.2 : *Trois images test représentant les trois classes.*

Le vecteur attribut initial choisi est le suivant :

$$V_{init} = (\text{Hom HomL Ent Uni Dir Cont SRE LRE GLN RLN RP}) \qquad (4.25)$$

Les paramètres de textures *Hom*, *HomL*, *Ent*, *Uni*, *Dir* et *Cont* sont extraits de la matrice de cooccurrence. Les autres paramètres *SRE*, *LRE*, *GLN*, *RLN* et *RP* sont extraits de la matrice de longueurs de plages. Nous notons que les 11 attributs considérés sont les paramètres de textures les plus utilisés dans la littérature [COC 95] [LEC 91].

Les images test sont préalablement numérisées, en niveaux de gris, codées sur 8 bits (quantifiées sur 256 niveaux de gris) et de tailles 50×50 pixels. Le nombre de niveaux de gris est réduit à 16 par la méthode d'égalisation d'histogramme, ceci permet de réduire le temps de calcul des matrices de cooccurrence et de longueurs de plages pour chaque image test ainsi que les paramètres de texture extraits de ces matrices. Les matrices de cooccurrence sont calculées sur les images test, pour une translation de 1 pixel horizontalement ($t = (0,1)$) et les matrices de longueurs de plages sont calculées sur les images test pour une longueur de plage maximale $L = 8$ et dans la direction horizontale ($\theta = 0°$).

4.2.1 Espaces de paramètres obtenus

L'algorithme génétique s'exécute rapidement. Les figures de 4.3 à 4.5 présentent pour chaque critère l'évolution de la valeur sélective du meilleur chromosome de la population courante au fur et à mesure des générations. D'après ces figures, nous constatons qu'en un nombre très faible de générations, l'algorithme converge vers la solution optimale en déterminant les deux paramètres de textures les plus pertinents correspondants au critère choisi.

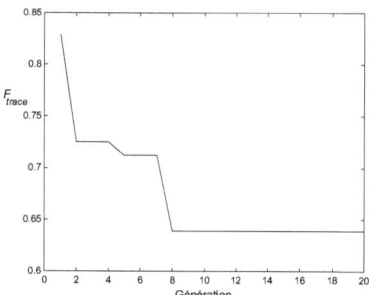

Figure 4.3 : *Evolution de la valeur sélective en fonction de la génération pour le critère J_{trace}.*

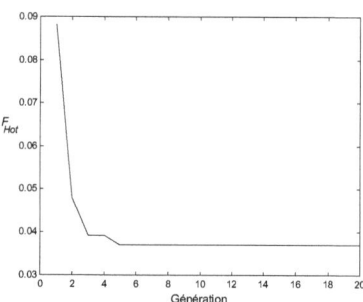

Figure 4.4 : *Evolution de la valeur sélective en fonction de la génération pour le critère J_{Hot}.*

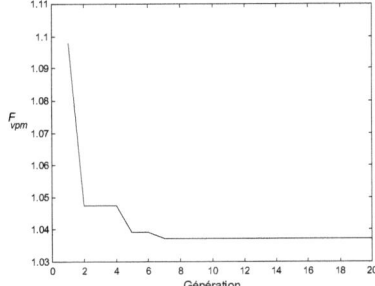

Figure 4.5 : *Evolution de la valeur sélective en fonction de la génération pour le critère J_{vpm}.*

Le tableau 4.1 résume l'espace de paramètres obtenu avec chaque critère.

Critère	J_{trace}	J_{Hot}	J_{vpm}
Espace	(*HomL SRE*)	(*Uni Cont*)	(*Uni Cont*)

Tableau 4.1 : *Espace de paramètres obtenu avec chaque critère.*

Les figures de 4.6 à 4.7 illustrent la représentation des observations dans chaque espace de paramètres obtenu.

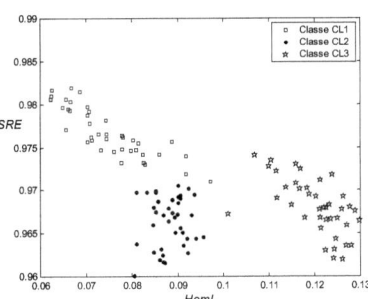

Figure 4.6 : *Représentation des observations dans l'espace (HomL SRE) obtenu par le critère J_{trace}.*

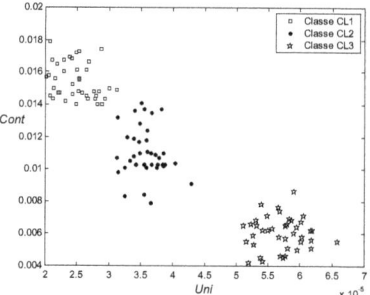

Figure 4.7 : *Représentation des observations dans l'espace (Uni Cont) obtenu par les critères J_{Hot} et J_{vmp}.*

4.2.2 Evaluations et discussions

Les résultats obtenus ci-dessus montrent que les critères J_{Hot} et J_{vpm} donnent le même espace. Cet espace est discriminant. En effet, les observations forment dans l'espace (*Uni Cont*) des nuages de points mieux séparés et plus compacts. Le critère J_{trace} sélectionne l'espace (*HomL SRE*) qui est un peu moins discriminant par rapport à l'espace fourni par les deux critères précédents. Effectivement, les trois classes CL_1, CL_2 et CL_3 ne sont pas plus compactes dans l'espace (*HomL SRE*) et les deux classes CL_1 et CL_2 présentent un chevauchement (quelques observations de la classe CL_1 se trouvent plus proches de la classe CL_2). Nous notons aussi que pour chaque critère, l'approche génétique a permis d'assurer une convergence rapide vers la solution optimale correspondante [NAS 02].

Pour mieux comparer et évaluer les performances des trois critères, nous avons réalisé une classification supervisée des observations dans chaque espace obtenu. L'algorithme de classification utilisé est les *C-moyennes* (l'algorithme *C-moyennes* est un algorithme de classification non supervisée mais il peut être utilisé pour une classification supervisée en fixant le nombre de classes). Les résultats de la classification des images test dans chaque espace correspondant à chaque critère sont explicités dans les figures de 4.8 à 4.9.

Sélection d'un espace d'attributs optimal par AG 73

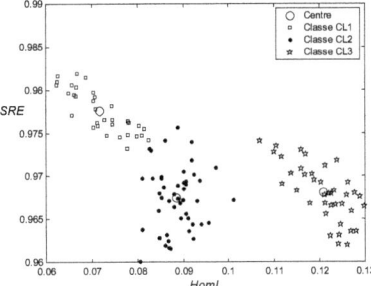

Figure 4.8 : *Classes obtenues dans l'espace (HomL SRE) correspondant au critère J_{trace}.*

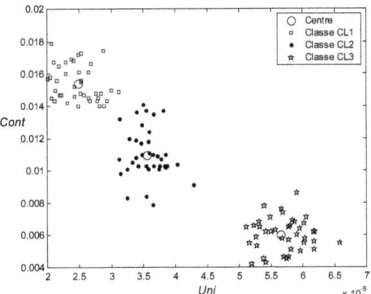

Figure 4.9 : *Classes obtenues dans l'espace (Uni Cont) correspondant aux critères J_{Hot} et J_{vpm}.*

Le tableau 4.2 suivant récapitule le taux d'erreur de la classification obtenu pour chaque critère.

Critère	J_{trace}	J_{Hot}	J_{vpm}
Nombre d'observations mal classées	8	0	0
Taux d'erreur $\tau(\%)$	6.67	0	0

Tableau 4.2 : *Taux d'erreur de la classification dans l'espace correspondant à chaque critère.*

Le tableau montre que le taux d'erreur de la classification dans l'espace obtenu par les critères J_{Hot} et J_{vpm} est très faible (nul), ce qui confirme les bonnes performances de ces deux derniers. La discrimination des trois classes de textures pour le critère J_{trace} est réalisée avec un taux d'erreur important par rapport aux critères précédents. Ce taux d'erreur reste tout de même faible, ceci affirme aussi les bonnes performances du critère J_{trace}.

En étudiant ces critères, nous avons constaté que les deux paramètres *Uni* et *Cont* proposés par les critères J_{Hot} et J_{vpm} sont fortement corrélés, et donc plus redondants. Les deux paramètres *HomL* et *SRE* sélectionnés par le critère J_{trace} sont moins corrélés que les autres. Nous nous trouvons, donc, devant un problème particulier de l'analyse de données multidimensionnelles qui est la redondance d'information. Le tableau 4.3 indique pour chaque critère, le coefficient de corrélation *r* entre les deux paramètres sélectionnés.

Critère	J_{trace}	J_{Hot}	J_{vpm}
Espace	(*HomL SRE*)	(*Uni Cont*)	(*Uni Cont*)
Coefficient de corrélation *r*	0.583	0.924	0.924

Tableau 4.3 : *Coefficient de corrélation r entre les deux composantes de chaque espace.*

D'après ce tableau et la figure 4.7, nous remarquons que pour les deux critères J_{Hot} et J_{vpm} un paramètre aurait suffit pour obtenir le même taux d'erreur. En effet, le paramètre *Cont* n'améliore pas significativement la discrimination car l'information qu'il ajoute est négligeable devant le bruit qu'il apporte (le bruit désigne l'effet sur la séparabilité et la compacité des classes). Avec le paramètre *Uni* tout seul nous avons obtenu presque le même taux d'erreur (i.e. presque la même discrimination).

Par contre, les deux paramètres *HomL* et *SRE* obtenus par le critère J_{trace} sont nécessaires pour conserver le même taux d'erreur (figure 4.6).

La redondance d'informations constitue un inconvénient pour les critères de sélection des attributs. En effet, l'espace sélectionné risque d'être composé d'attributs corrélés. Ceci implique que si l'espace sélectionné, de dimension *q*, présente *k* attributs plus corrélés entre eux deux à deux, alors *k*-1 attributs parmi eux n'améliorent pas significativement la discrimination alors que la valeur du critère augmente avec l'apport de ces attributs. En les supprimant, il est même possible d'obtenir un espace de moindre dimension tout aussi discriminant.

Nous nous trouvons donc devant les compromis : moins de corrélation entre les attributs, bonne séparabilité et bonne compacité des classes dans l'espace de ces attributs.

C'est à ce titre que nous présentons dans le paragraphe suivant un critère particulier de sélection des attributs qui assure d'une part moins de corrélation entre les attributs et d'autre part une bonne séparabilité et compacité des classes dans cet espace. La notion de corrélation introduite joue un rôle très important. En effet, elle permet de lever l'ambiguïté dans le cas où des espaces présentent le même pouvoir discriminant, en supposant que celui dont les attributs sont moins corrélés est jugé le meilleur.

5 Un nouveau critère pour la sélection des attributs

5.1 Critère proposé

Les auteurs de ce critère [NAS 01][NAS 03a] ont retenu dans leur contribution l'approche *filter* et afin de trouver un critère de sélection des attributs qui exploite mieux les informations concernant la séparabilité et la compacité des classes, ils se sont inspirés de *l'approche statistique* basée sur la formule de Bayes des probabilités conditionnelles [MON 94][RIC 91] [POS 87].

Pour expliquer leur contribution, considérons donc un problème mono-dimensionnel à trois classes ($C=3$) et soit a_j un attribut. A chaque classe CL_s ($s = 1,2,3$) correspondent les deux grandeurs $m_{(aj,CLs)}$ et $\sigma_{(aj,CLs)}$ désignant respectivement la moyenne arithmétique et l'écart-type des points de cette classe par rapport à l'attribut a_j. Soit la fonction $f_s(a_j)$, $s=1,2,3$, représentée dans la figure 4.10 et définie par [POS 87] :

$$f_s(a_j) = P(CL_s)P(a_j/CL_s) \qquad (4.26)$$

où $P(CL_s)$ représente la probabilité *a priori* de la classe CL_s (probabilité d'apparition de la classe CL_s) et $P(a_j/CL_s)$ désigne la fonction de densité de probabilité conditionnelle de l'attribut a_j qui définit la distribution de cet attribut pour les points (observations) de la classe CL_s.

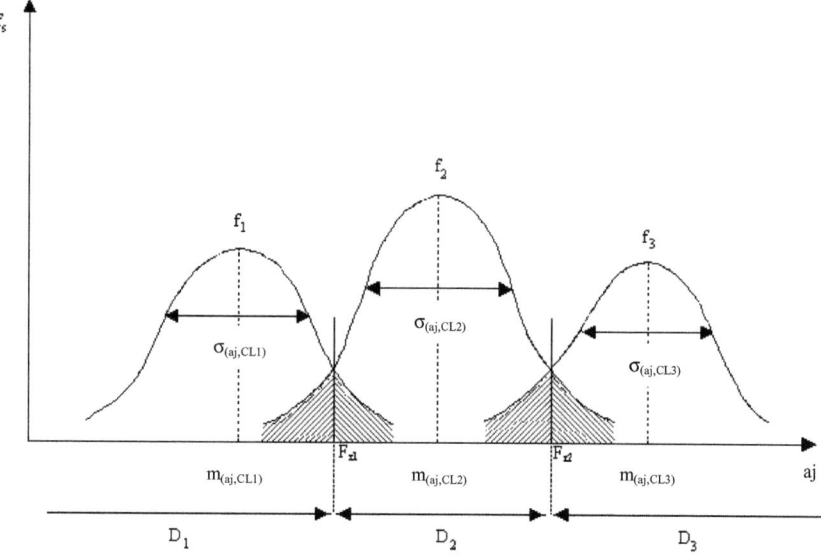

Figure 4.10 : *Représentation de la fonction f_s pour chaque classe CL_s, $s = 1,2,3$.*

Les points F_{r1} et F_{r2} désignent les *frontières* qui partitionnent l'espace des attributs en trois domaines D_1, D_2 et D_3 appelés *domaines de décision*.

Les performances d'une méthode de classification peuvent se mesurer en termes de *probabilité d'erreur* [POS 87]. Considérons les trois domaines D_1, D_2 et D_3, l'utilisation de ces domaines pour classer des observations associées aux images, entraîne trois types d'erreur :

- Une observation peut être située dans le domaine D_1 alors qu'elle appartient à la classe CL_2 ou CL_3.
- Une observation peut être située dans le domaine D_2 alors qu'elle appartient à la classe CL_1 ou CL_3.
- Une observation peut être située dans le domaine D_3 alors qu'elle appartient à la classe CL_1 ou CL_2.

Sélection d'un espace d'attributs optimal par AG 77

La probabilité d'erreur ou le *taux d'erreur Bayesien* (τ_B) associé au partage d'un ensemble d'observations en trois classes selon leur position vis à vis des domaines D_1, D_2 et D_3 est alors [POS 87][MAR 96] [MON 94][RIC 91] :

$$\tau_B = \int_{D_1} (f_2(a_j) + f_3(a_j))da_j + \int_{D_2} (f_1(a_j) + f_3(a_j))da_j + \int_{D_3} (f_1(a_j) + f_2(a_j))da_j \quad (4.27)$$

τ_B = Aire Hachurée

L'attribut a_j est donc pertinent au sens des performances de classification (i.e. assure mieux la séparabilité et la compacité des classes) si le *taux d'erreur Bayesien associé* est *minimal*.

En pratique, nous ne disposons pas des données $P(CL_s)$ et $P(a_j/CL_s)$ (difficulté d'estimer les densités de probabilité), donc le calcul théorique du taux d'erreur Bayesien associé à a_j n'est pas permis. Or, minimiser ce dernier revient à *minimiser l'aire hachurée*. A cette fin, les auteurs du nouveau critère [NAS 01][NAS 03a] ont proposé de:

- *Minimiser* les distances *intra-classes* $\sigma_{(aj,CLs)}$, s= 1,2,3, c'est-à-dire regrouper le maximum possible les points de chaque classe autour de son centre. Ce qui permet d'assurer une haute compacité de chaque classe.
- *Maximiser* les distances *inter-classes* $|m_{(aj,CLs)} - m_{(aj,CLs')}|$, avec $s \neq s'$ et s, $s' = 1,2,3$, c'est-à-dire écarter le maximum possible entre eux les centres de classes. Ce qui permet d'assurer une bonne séparabilité des classes.

Le même raisonnement peut se faire avec deux attributs a_j et a_l. En effet, si chaque attribut minimise les distances *intra-classes* et maximise les distances *inter-classes* alors les classes sont mieux séparées et plus compactes dans l'espace d'attributs (a_j a_l). A ce niveau, les auteurs de cette contribution introduisent la notion de corrélation : deux attributs a_j et a_l qui assurent la compacité de chaque classe et permettent de bien séparer les classes ne sont sélectionnés que s'ils sont moins corrélés. Le coefficient de corrélation constitue alors un coefficient de pénalisation.

Soit V_k ($k \in N^*$) un vecteur attribut extrait de V_{init}, de dimension q, $2 \leq q$ (en général un seul attribut est insuffisant pour discriminer plusieurs classes). Pour estimer le pouvoir discriminant de ce vecteur, les auteurs ont proposé dans [NAS 01] [NAS 03a] le critère d'optimisation suivant :

$$J(q,V_k) = \sum_{\substack{(a_j,a_l) \in E_{V_k}^2 \\ j<l}} \left(D(a_j)+D(a_l)\right) r(a_j,a_l) \quad (4.28)$$

avec

$$D(a_j) = \frac{\sum_{s=1}^{C} \sigma_{(aj,CLs)}}{\sum_{\substack{s<s' \\ (s,s') \in \{1,2,...,C\}^2}} \left|m_{(aj,CLs)} - m_{(aj,CLs')}\right|} \quad (4.29)$$

$D(a_j)$ représente le rapport entre la somme des distances *intra-classes* et la somme des distances *inter-classes* correspondant à l'attribut a_j. C est le nombre de classe considérées, E_{Vk} est l'ensemble associé à V_k et $r(a_j,a_l)$ est le coefficient de corrélation linéaire entre les deux attributs a_j et a_l de E_{Vk}. Dans [NAS 01] les auteurs ont pris $C=3$, alors que dans [NAS 03a] ils ont proposé la forme généralisée.

Ce *critère d'optimisation* est à *minimiser* : un vecteur attribut V_k, extrait de V_{init}, de dimension q ($q<<N$) est optimal au sens des performances de la classification si ses composantes *maximisent* les distances *inter-classes* (i.e. séparent mieux les classes), *minimisent* les distances *intra-classes* (i.e. les classes sont plus compactes) et sont *moins corrélés* entre eux deux à deux.

5.2 Optimisation du critère proposé par approche génétique

Pour calculer la valeur de ce critère pour une valeur de q donnée, nous faisons appel à l'approche génétique pour éviter d'une part le problème de la complexité algorithmique et d'autre part pour réduire le temps de calcul. Nous avons retenu le même algorithme génétique proposé dans le paragraphe 4.1.4 de ce chapitre, le codage est le même, la fonction sélective F permettant, dans ce cas, de calculer la valeur sélective d'un chromosome chr_k codant un vecteur attribut V_k de dimension q et extrait de V_{init} est définie par :

Sélection d'un espace d'attributs optimal par AG 79

$$F(chr_k) = \sum_{\substack{(a_j,a_l) \in E^2_{V_k} \\ j<l}} \left(D(a_j)+D(a_l)\right) r\,(a_j,a_l) \qquad (4.30)$$

avec

$$D(a_j) = \frac{\sum_{s=1}^{C} \sigma_{(aj,CLs)}}{\sum_{\substack{s<s' \\ (s,s') \in \{1,2,..,C\}^2}} \left|m_{(aj,CLs)} - m_{(aj,CLs')}\right|}$$

V_k est la solution *optimale* au problème à résoudre selon le critère proposé si $F(chr_k)$ est *minimale*.

6 Résultats expérimentaux sur des images de textures et évaluations

6.1 Introduction

Pour évaluer les performances de l'approche décrite dans le paragraphe précédent, nous l'avons testé sur des images de textures. Les objets dans ce cas sont des images de textures et les attributs sont des paramètres de textures.

La sélection des attributs les plus pertinents au sens des performances de la classification, dépend *des textures à classer* et de *la vitesse d'exécution recherchée* [POS 87]. Le nombre d'attributs à sélectionner q doit être *comparable* au nombre de classes [COC 95].

Selon les deux recommandations citées ci-dessus, et afin d'apprécier les performances de la méthode de sélection proposée, nous avons envisagé trois expérimentations. Dans la première et la seconde expérimentation, nous avons considéré trois classes de texture, et dans la troisième le nombre de classes est $C=4$. Ces expérimentations tiennent compte de la nature des textures à classer (i.e. nous avons fait varier la nature des textures à classer d'une expérimentation à l'autre), et sont réalisées pour $q = 2$. La valeur de q retenue est comparable au nombre de classes que nous avons. Le choix de $q = 2$ traduit d'une part que nous nous intéressons à la vitesse d'exécution (rapidité du traitement), et d'autre part que nous désirons capter le caractère intrinsèque des textures *en peu* de paramètres.

Nous avons retenu pour toutes les expérimentations le même vecteur attribut initial V_{init}.

$$V_{init} = (Hom\ HomL\ Ent\ Uni\ Dir\ Cont\ SRE\ LRE\ GLN\ RLN\ RP) \qquad (4.31)$$

Les paramètres de textures *Hom*, *HomL*, *Ent*, *Uni*, *Dir* et *Cont* sont extraits de la matrice de cooccurrence. Les autres paramètres *SRE*, *LRE*, *GLN*, *RLN* et *RP* sont extraits de la matrice de longueurs de plages. Nous notons que les 11 attributs considérés sont les paramètres de textures les plus recommandés dans la littérature [COC 95] [LEC 91].

Pour mieux évaluer les performances du critère proposé *J*, nous avons comparé dans chaque expérimentation les résultats obtenus avec les résultats aboutis par les trois critères J_{trace}, J_{Hot} et J_{vpm}.

6.2 Première expérimentation

Dans ce test, nous visons de comparer les performances du critère *J* avec les trois critères pour les mêmes images de textures étudiées dans le paragraphe 4.2 de ce chapitre. Nous rappelons que ces images sont réparties en trois classes de textures Sol_1, Sol_2 et Sol_3 et chaque classe contient 40 images test (voir figure 4.2 et Annexe).

L'exécution de l'AG s'effectue rapidement. La figure 4.11 montre l'évolution de la valeur sélective du meilleur chromosome de la population courante au fur et à mesure des générations. Nous remarquons qu'en un nombre très faible de générations (< 6), l'AG donne la solution optimale. Le vecteur attribut optimal V_{opt} donné par l'algorithme génétique est :

$$V_{opt} = (Uni\ SRE)$$

Sélection d'un espace d'attributs optimal par AG 81

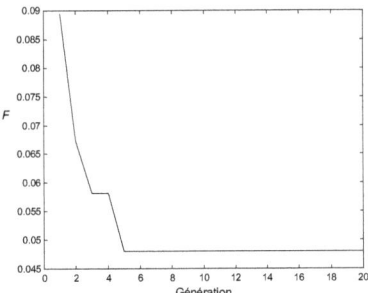

Figure 4.11 : *Evolution de la valeur sélective en fonction de la génération.*

La représentation des observations associées aux images test dans cet espace est illustrée dans la figure 4.12.

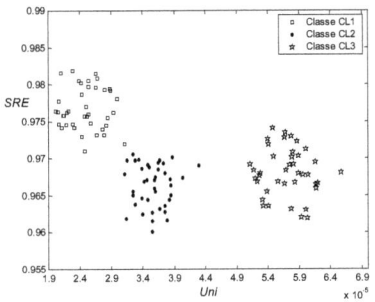

Figure 4.12 : *Représentation des observations dans l'espace (Uni SRE).*

Nous constatons qu'au niveau séparabilité et compacité, le critère J se comporte comme les deux critères J_{Hot} et J_{vpm} (figure 4.7). En effet, les observations forment des nuages mieux séparés et plus compacts dans l'espace (*Uni SRE*). Le premier paramètre sélectionné par le critère J est le même que celui abouti par ces deux critères (tableau 4.1). De plus les deux paramètres proposés par le critère J sont moins corrélés par rapport à ceux obtenus avec les deux critères cités ci-dessus. Le coefficient de corrélation est $r(Uni, SRE)=0.532$. Ce coefficient est inférieur aussi à celui obtenu pour le critère J_{trace} ($r(HomL, SRE) = 0.583$).

Les résultats de la classification des images test par l'algorithme des *C-moyennes* dans l'espace (*Uni SRE*) sont résumés dans la figure 4.13.

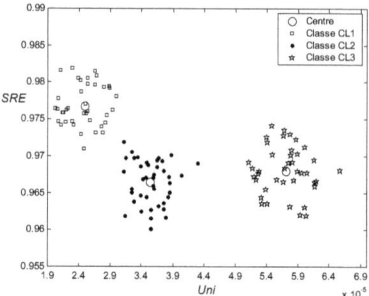

Figure 4.13 : *Classes obtenues dans l'espace (Uni SRE) correspondant au nouveau critère J*

Les résultats obtenus montrent favorablement les bonnes performances du critère J. En effet, les classes sont mieux séparées et plus compactes dans l'espace sélectionné (*Uni SRE*). La discrimination des trois classes de textures est réalisée avec un taux d'erreur très faible (presque nul, $\tau = 1/120 = 0.083\%$). Les deux paramètres proposés sont nécessaires et suffisants pour obtenir le même taux d'erreur (i.e. la même discrimination).

D'autre part, nous signalons que l'approche génétique a permis de faciliter la mise en œuvre pratique du critère J et a assuré une convergence rapide vers la solution optimale correspondante à ce critère. Les résultats obtenus montrent aussi le regain d'intérêt dont bénéficie l'approche génétique.

6.3 Deuxième expérimentation

Dans ce test, nous étudions le comportement du critère J vis à vis de la nature des textures à classer. A cette fin, nous avons choisi 120 images de textures (figure 4.14) réparties aussi en trois classes de textures Sol_1, *Laine* et Sol_3 (la classe de texture Sol_2 de la première expérimentation est remplacée dans cet expérimentation par la classe de texture *Laine*). Chaque classe contient 40 images. Ces images test sont en niveaux de gris, codées sur 8 bits (256 niveaux de gris) et de tailles 50×50 pixels. Le nombre de niveaux de gris est réduit à 16 par la méthode d'égalisation d'histogramme, ce qui rend aisé et rapide le calcul des paramètres de textures pour chaque image test à partir des matrices de cooccurrence et de longueurs de plages. Les matrices de cooccurrence sont calculées, pour une translation de 1 pixel horizontalement ($t = (0,1)$) et les matrices de longueurs de plage sont calculées pour une longueur de plage maximale $L = 8$ et dans la direction horizontale ($\theta = 0°$). Les images test sont données en Annexe.

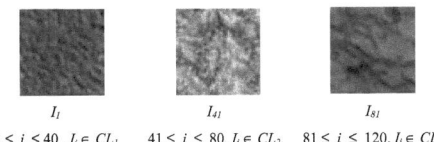

I_1 I_{41} I_{81}
$1 \leq i \leq 40, I_i \in CL_1$ $41 \leq i \leq 80, I_i \in CL_2$ $81 \leq i \leq 120, I_i \in CL_3$

Figure 4.14 : *Trois images test représentant les trois classes.*

L'AG converge rapidement. Les figures de 4.15 à 4.18 illustrent pour chaque critère, l'évolution de la valeur sélective du meilleur chromosome de la population courante au fil des générations. D'après ces figures, nous remarquons que l'AG donne la solution optimale correspondante à chaque critère en un nombre très faible de générations.

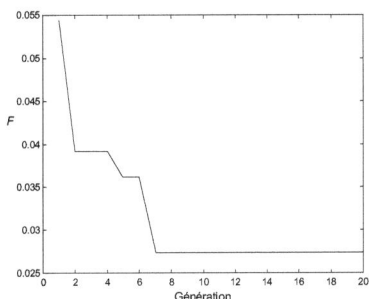

Figure 4.15 : *Evolution de la valeur sélective en fonction de la génération* pour le critère proposé J.

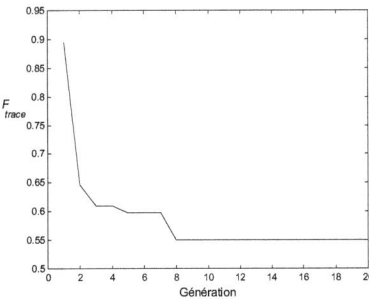

Figure 4.16 : *Evolution de la valeur sélective en fonction de la génération pour le critère J_{trace}.*

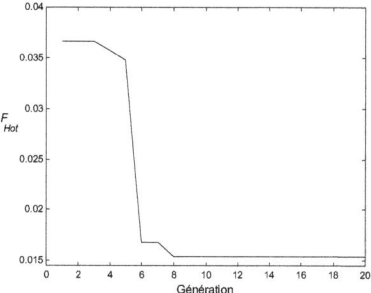

Figure 4.17 : *Evolution de la valeur sélective en fonction de la génération pour le critère J_{Hot}.*

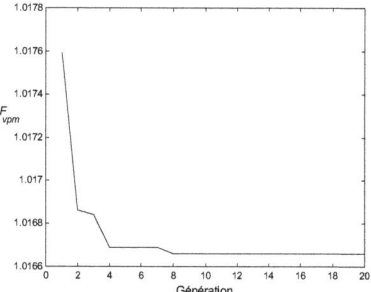

Figure 4.18 : *Evolution de la valeur sélective en fonction de la génération pour le critère J_{vpm}.*

Le tableau 4.4 indique l'espace de paramètres abouti par chaque critère, ainsi que le coefficient de corrélation *r* des deux composantes de chaque espace.

Critère	J	J_{trace}	J_{Hot}	J_{vpm}
Espace	(*Uni GLN*)	(*Uni GLN*)	(*Uni GLN*)	(*Ent Uni*)
r	0.894	0.894	0.894	0.946

Tableau 4.4 : *Espace de paramètres et coefficient de corrélation obtenus avec chaque critère.*

La représentation des observations dans chaque espace abouti est illustrée dans les figures de 4.19 à 4.20.

Sélection d'un espace d'attributs optimal par AG   85

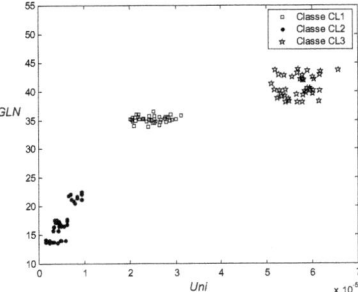

Figure 4.19 : *Représentation des observations dans l'espace (Uni GLN) obtenu par les critères J, J_{trace} et J_{Hot}.*

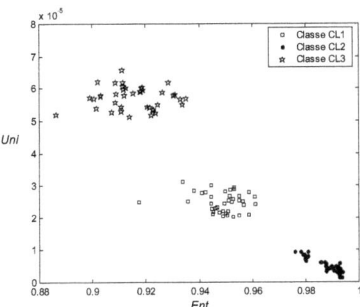

Figure 4.20 : *Représentation des observations dans l'espace (Ent Uni) obtenu par le critère J_{vmp}.*

Les résultats obtenus montrent que l'espace proposé par chaque critère, dans ce cas, rend très efficace la discrimination. Les critères J_{trace}, J_{Hot} et J donnent pour ce test un même espace (*Uni GLN*). Les observations forment dans cet espace des nuages de points plus compacts et mieux séparés que dans l'espace (*Ent Uni*) abouti par le critère J_{vmp}. En effet, dans l'espace (*Ent Uni*), les trois classes sont séparées, mais les classes CL_1 et CL_3 sont moins compactes dans cet espace que dans l'espace (*Uni GLN*) correspondant aux critères J, J_{trace} et J_{Hot}.

D'autre part, nous avons calculé la matrice de corrélation des 11 paramètres constituant le vecteur attribut initial V_{init} et nous avons constaté que tous les paramètres sont corrélés deux à deux pour cet exemple d'images de textures. Le critère J a permis de sélectionner un espace plus discriminant dont les paramètres sont moins corrélés que ceux donnés par le critère J_{vmp} (tableau 4.4).

Nous signalons que le critère J se comporte mieux que le critère J_{vmp}, puisque $r(Uni, GLN) < r(Uni, Ent)$ et le bruit apporté par le paramètre GLN est moins important devant le bruit apporté par le paramètre Ent : le bruit peut être représenté par l'effet du paramètre sur la compacité et la séparabilité des classes. Effectivement, si nous éliminons dans la figure 4.19 le paramètre Uni alors les trois classes resteront séparées et compactes dans l'espace (GLN), par contre, si nous éliminons dans la figure 4.20 le paramètre Uni alors les classes CL_1 et CL_3 chevaucheront dans l'espace (Ent).

6.4 Troisième expérimentation

Dans ce test, nous nous intéressons au comportement du critère J vis à vis de la nature des textures à classer et du nombre de classes. Pour cela, nous avons choisi les quatre classes de textures considérées dans les tests précédents. Chaque classe contient 40 images test (figure 4.21). Les images test sont données en Annexe.

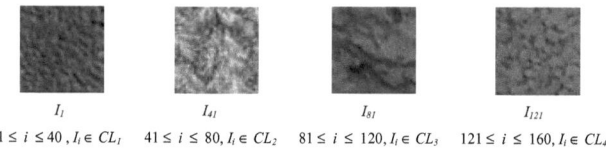

I_1 I_{41} I_{81} I_{121}
$1 \leq i \leq 40, I_i \in CL_1$ $41 \leq i \leq 80, I_i \in CL_2$ $81 \leq i \leq 120, I_i \in CL_3$ $121 \leq i \leq 160, I_i \in CL_4$

Figure 4.21 : *Quatre images test représentant les quatre classes.*

L'AG s'exécute rapidement. Les figures de 4.22 à 4.25, présentant pour chaque critère, l'évolution de la valeur sélective du meilleur chromosome de la population courante au fil des générations, montrent que l'AG donne la solution optimale correspondante à chaque critère en un nombre très faible de générations.

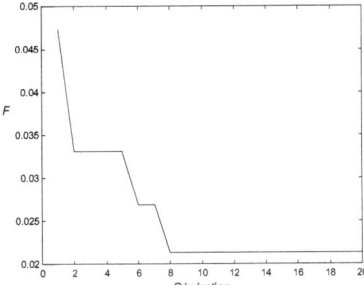

Figure 4.22 : *Evolution de la valeur sélective en fonction de la génération pour le critère J.*

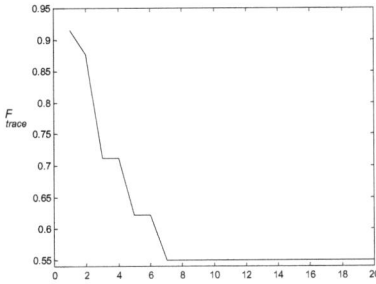

Figure 4.23 : *Evolution de la valeur sélective en fonction de la génération pour le critère J_{trace}.*

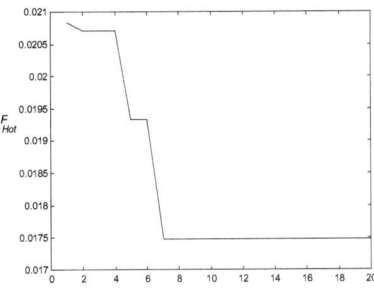

Figure 4.24 : *Evolution de la valeur sélective en fonction de la génération pour le critère J_{Hot}.*

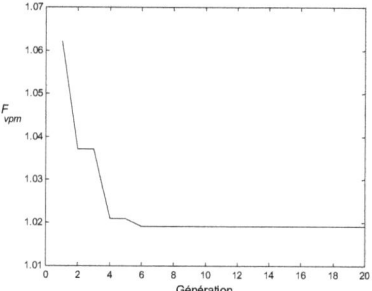

Figure 4.25 : *Evolution de la valeur sélective en fonction de la génération pour le critère J_{vpm}.*

L'espace de paramètres abouti par chaque critère, ainsi que le coefficient de corrélation r des deux composantes de chaque espace sont récapitulés dans le tableau 4.5 suivant :

Critère	J	J_{trace}	J_{Hot}	J_{vpm}
Espace	(Uni GLN)	(Uni GLN)	(Uni GLN)	(Uni GLN)
r	0.882	0.882	0.882	0.882

Tableau 4.5 : *Espace de paramètres et coefficient de corrélation r obtenus avec chaque critère.*

Nous remarquons que les quatre critères donnent, dans ce cas, un même espace de paramètres (Uni GLN). La figure 4.26 illustre la représentation des observations dans cet espace.

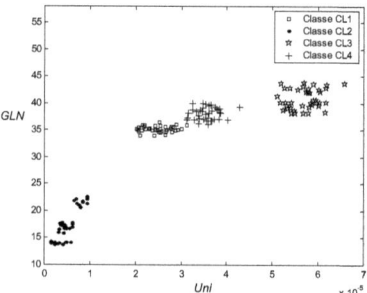

Figure 4.26 : *Représentation des observations dans l'espace (Uni GLN) obtenu par les quatre critères J, J_{trace}, J_{Hot} et J_{vpm}.*

Sélection d'un espace d'attributs optimal par AG 89

Nous constatons que l'espace obtenu par tous les critères permet de discriminer les quatre classes de textures avec deux paramètres seulement. En effet, les observations forment dans cet espace des nuages de points plus compacts et mieux séparés.

Par ailleurs, nous avons remarqué que pour ce test aussi, les 11 paramètres du vecteur V_{init} sont fortement corrélés deux à deux. Ce qui justifie la valeur du coefficient de corrélation des deux paramètres obtenus Uni et GLN.

D'autre part, la figure 4.27 et le tableau 4.6 explicitant les résultats de la classification par l'algorithme C-moyennes dans l'espace (Uni GLN) confirment qu'avec deux paramètres seulement la discrimination des quatre classes de textures est bonne (le taux d'erreur obtenu est faible < 1%).

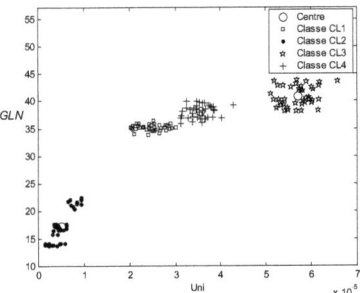

Figure 4.27 : *Classes obtenues dans l'espace (Uni GLN) correspondant aux critères J, J_{trace}, J_{Hot} et J_{vpm}.*

Critère	J	J_{trace}	J_{Hot}	J_{vpm}
Nombre d'observations mal classées	1	1	1	1
Taux d'erreur τ(%)	0.625	0.625	0.625	0.625

Tableau 4.6 : *Taux d'erreur de la classification dans l'espace (Uni GLN).*

6.5 Conclusion sur les trois expérimentations

En tenant compte des trois expérimentations envisagées dans ce chapitre, nous notons que :

- L'apport de l'approche génétique est très important, dans la mesure où il a permis d'une part de faciliter la mise en œuvre pratique des critères et de l'autre d'assurer une convergence rapide vers la solution optimale correspondante à chaque critère.
- Le critère J a permis de sélectionner dans chaque expérimentation les attributs les moins corrélés et qui assurent une bonne séparabilité et compacité des classes, ce qui n'est pas le cas pour les autres critères étudiés J_{trace}, J_{Hot} et J_{vpm}. Ceci confirme les bonnes performances du critère J.

7 Conclusion

La classification des objets nécessite la sélection des attributs les plus pertinents permettant une bonne discrimination des classes représentatives de différents objets dans l'espace d'attributs. Nous avons présenté un ensemble de critères permettant la sélection des attributs les plus discriminants. Nous avons étudié par approche génétique certains critères issus de l'approche *filter* sur un exemple d'images de textures : un codage binaire et une technique d'application de l'AG à l'optimisation de ces critères sont définis. A travers cette étude, nous avons constaté que le choix rigoureux des attributs ne se base pas uniquement sur la mesure de séparabilité et de compacité des classes, mais il faut introduire aussi la mesure de corrélation entre les attributs à sélectionner. En effet, les attributs corrélés fournissent des informations similaires, leurs présence à la fois dans l'espace sélectionné (augmentation de la dimension de l'espace) implique une augmentation inutile de la complexité du classifieur (augmentation du temps de calcul, décision moins rapide, sélection de classes moins précise). Ainsi, nous avons décrit le critère particulier J de sélection des attributs qui tient compte des compromis : moins de corrélation entre les attributs, bonne séparabilité et bonne compacité des classes dans l'espace de ces attributs. Ce critère est inspiré de l'approche statistique. La notion de corrélation est introduite comme un facteur de pénalisation.

Nous avons envisagé trois expérimentations sur des images de textures. Nous avons fait appel à l'approche génétique pour faciliter la mise en œuvre pratique du critère proposé et pour réduire le temps de calcul. Dans chaque expérimentation, nous avons comparé les résultats obtenus par le critère J avec ceux aboutis par les autres critères. Les trois expérimentations confirment d'une part que l'algorithme génétique assure une convergence rapide vers la solution optimale pour chaque critère, et d'autre part que le critère J présente de bonnes performances et se comporte mieux que les autres critères étudiés. Par ailleurs, les trois expérimentations montrent que les recommandations de Postaire [POS 87] et celles de Cocquerez et al. [COC 95] sont pertinentes.

Dans le chapitre suivant, nous abordons une méthode de classification supervisée de données basée sur un système cascade. Ce système est composé de l'algorithme génétique conçu pour la sélection des attributs discriminants et un réseau de neurones multicouches.

Chapitre 5

Classification par système cascade AG-RNM

1 Introduction

Nous abordons, ici, une approche de classification supervisée de données basée sur un système cascade *algorithme génétique - réseau de neurones multicouches* (AG-RNM). Cette technique est proposée dans [NAS 03a]. Elle associe l'algorithme génétique, conçu pour la sélection des attributs discriminants, à un réseau de neurones multicouches (RNM). Les attributs les plus pertinents obtenus par l'algorithme génétique sont utilisés comme entrée du réseau de neurones.

2 Classification supervisée par réseau de neurones multicouches

2.1 Réseau de neurones multicouches

Le modèle formel d'un neurone biologique [DAV 93] [MAR 96] est caractérisé par sa fonction d'entrée E, le niveau d'activation U, sa fonction d'activation f et son état de sortie S (figure 5.1). L'association de plusieurs neurones formels peut acquérir des connaissances grâce à un processus d'*apprentissage* sur un ensemble d'exemples (ensemble d'observations). L'avantage de tels réseaux en classification est qu'ils peuvent construire une *frontière de décision* non linéaire entre les classes d'une façon non paramétrable [RIV 95] [BIS 95].

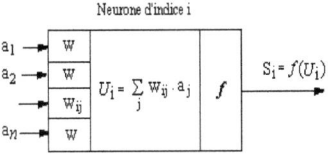

Figure 5.1 : *Neurone formel.*

Les réseaux de neurones multicouches sont largement utilisés en classification, ils comprennent une couche d'entrée, une couche de sortie et un certain nombre de couches dites cachées [HAY 94] [MAR 96] [BIS 95]. Dans cette application, nous nous sommes limités à une *seule* couche cachée (figure 5.2). L'entrée du réseau retenu [NAS 03a] est un vecteur R (R est la réalisation du vecteur attribut optimal V_{opt} obtenu par l'AG pour un objet O) de composantes ne_j ($1 \leq j \leq q$, q étant la dimension de V_{opt}), la couche cachée comporte H neurones nc_k ($1 \leq k \leq H$) et la couche de sortie contient C (C étant le nombre de classes) neurones ns_i ($1 \leq i \leq C$). Les connexions entre neurones sont affectées de poids synaptiques notés W_{jk} et W_{ki}.

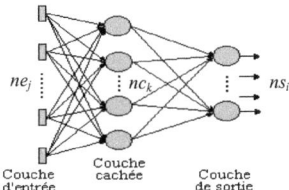

Figure 5.2 : *Structure d'un réseau de neurones multicouches.*

2.2 Méthode d'apprentissage mise en œuvre

Les poids synaptiques doivent évoluer afin d'avoir la réponse attendue à partir d'entrées données. L'apprentissage fonctionne selon l'algorithme de *rétropropagation du gradient* [HAY 94]. A une itération t de l'apprentissage, le réseau fournit C sorties σ_i (t). Nous disposons d'autres part de C réponses attendues notées h_i où $h_i \in \{0,1\}$. La correction des poids synaptiques s'opère à partir de la couche de sortie vers la couche d'entrée par *minimisation* du carré de l'erreur $\Delta_i(t) = \sigma_i(t) - h_i$ [RUM 86]. Lors de l'apprentissage, les vecteurs d'entrée sont présentés d'une manière *aléatoire* à l'entrée du réseau, les vecteurs sorties désirées sont présentés en *même temps* en sortie. Cette procédure est répétée jusqu'à ce que l'erreur de classification devienne inférieure à une erreur consigne ε fixée à l'avance ou jusqu'à un nombre maximal d'itérations Max_{Iter}. La figure 5.3 illustre le déroulement de la phase d'apprentissage [RUM 86].

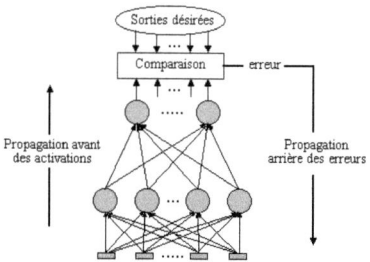

Figure 5.3 : *Phase d'apprentissage.*

La figure 5.4 présente l'algorithme d'apprentissage [DAV 93] [RUM 86]:

> **Faire**
> Lire l'exemple d'apprentissage
> Présentation de l'exemple à l'entrée du réseau
> Propagation de l'entrée vers l'avant
> Calcul de l'erreur à la sortie du réseau
> Propagation de l'erreur vers l'arrière
> Ajustement des poids
> Mise à jour de l'erreur totale
> **Tant que** *erreur* $>\varepsilon$ et *nombre d'itérations*$<Max_{Iter}$

Figure 5.4 : *Algorithme d'apprentissage.*

3 Application aux images de textures

Pour évaluer les performances du système cascade présenté, nous l'avons testé sur des images de textures. Les objets dans ce cas sont des images de textures et les attributs sont des paramètres de textures. Nous avons choisi pour l'application les images de textures illustrées dans la figure 5.5. Ces images sont réparties en trois classes de textures Sol_1, Sol_2 et Sol_3.

Chaque classe contient 40 images test (voir Annexe). Cette application est réalisée avec $q = 2$. q est le nombre d'attributs à sélectionner. La valeur de q choisie montre que nous nous intéressons à la *réduction* du temps de calcul. Le critère de sélection retenu est le critère J décrit en paragraphe 5.1 du chapitre 4.

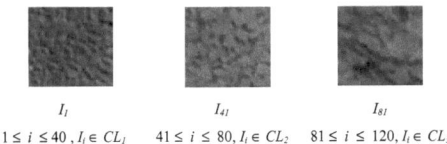

I_1 I_{41} I_{81}
$1 \leq i \leq 40, I_i \in CL_1$ $41 \leq i \leq 80, I_i \in CL_2$ $81 \leq i \leq 120, I_i \in CL_3$

Figure 5.5 : *Trois images test représentant les trois classes.*

Nous avons choisi le vecteur attribut initial suivant :

$$V_{init} = (Hom \; HomL \; Ent \; Uni \; Dir \; Cont \; SRE \; LRE \; GLN \; RLN \; RP)$$

L'exécution de l'AG s'effectue rapidement. La figure 5.6 montre l'évolution de la valeur sélective du meilleur chromosome de la population courante au fur et à mesure des générations. Nous remarquons qu'en un nombre très faible de générations (< 6), l'AG donne la solution optimale. Le vecteur attribut optimal V_{opt} donné par l'algorithme génétique est :

$$V_{opt} = (Uni \; SRE)$$

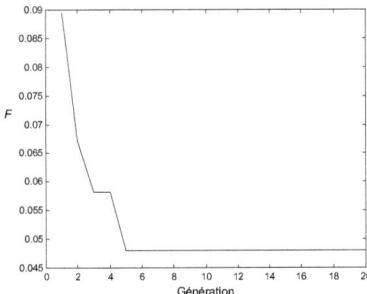

Figure 5.6 : *Evolution de la valeur sélective en fonction de la génération.*

Par la suite, le réseau de neurones multicouches effectue la phase d'apprentissage, dans l'espace d'attributs (*Uni SRE*), sur un ensemble de 60 images test : $\{I_1, ..., I_{20}, I_{41}, ..., I_{60}, I_{81}, ..., I_{100}\}$.

La figure 5.7 illustre la convergence d'un poids synaptique pour un exemple de réseau dont la couche cachée comporte 5 neurones. Nous remarquons que la convergence se fait rapidement par des sauts qui diminuent d'amplitude avec le nombre d'itérations.

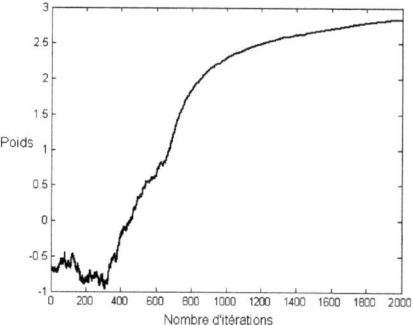

Figure 5.7 : *Convergence d'un poids synaptique lors de la phase d'apprentissage.*

Après la convergence de l'algorithme d'apprentissage, le réseau de neurones est servi pour classer les 60 autres images test : $\{I_{21}, ..., I_{40}, I_{61}, ..., I_{80}, I_{101}, ..., I_{120}\}$ dans l'espace d'attributs (*Uni SRE*) obtenu par l'algorithme génétique. Le taux d'erreur de classification est évalué sur ces images. La figure 5.8 présente le taux d'erreur de classification en fonction du nombre de neurones H de la couche cachée. L'erreur de classification est minimale pour $H=9$.

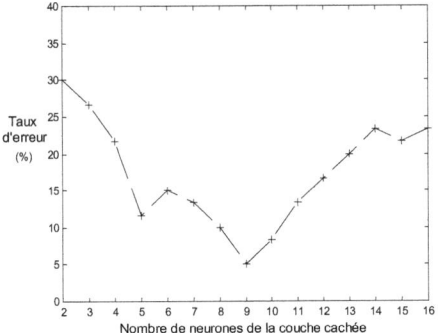

Figure 5.8 : *Evolution du taux d'erreur en fonction de H.*

Les résultats expérimentaux obtenus montrent bien les bonnes performances de la méthode de classification présentée. En effet, l'algorithme génétique a donné les attributs (paramètres de textures) les plus pertinents (i.e. le vecteur V_{opt}) et a permis de réduire la taille du réseau de neurones multicouches nécessaire pour la classification d'images de textures.

En comparant avec un classifieur à base de réseau de neurones multicouches classique qui utilise directement le vecteur V_{init} pour classer les images test, l'approche proposée a les *deux avantages* suivants [NAS 03a] :

- Le *temps d'apprentissage* et le *temps de calcul* sont *réduits* d'une façon significative. En effet, la figure 5.9 montre que la convergence d'un poids synaptique pour un réseau classique, ayant une seule couche cachée de 5 neurones et utilisant comme entrée le vecteur V_{init}, nécessite un nombre d'itérations très élevé. Ce nombre diminue considérablement pour le réseau optimal dont l'entrée est le vecteur V_{opt} (figure 5.7).

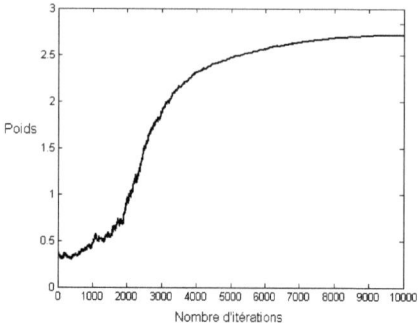

Figure 5.9 : *Convergence d'un poids synaptique lors de la phase d'apprentissage pour un réseau classique dont l'entrée est V_{init}.*

- La sélection des classes est *très précise* et les performances de classification sont bonnes (*taux d'erreur faible*).

4 Conclusion

Nous avons présenté une méthode de classification supervisée de données basée sur un système cascade. Ce système est composé de l'algorithme génétique conçu pour la sélection des attributs discriminants et un réseau de neurones multicouches. L'algorithme génétique est introduit dans le but de réduire la taille du réseau de neurones multicouches nécessaire pour la classification de données. Le système cascade est testé sur des images de textures. Les tests pratiques obtenus montrent bien les bonnes performances de ce dernier. En effet, le temps d'apprentissage et le temps de calcul sont réduits d'une façon significative, la sélection des classes est très précise et les performances de classification sont bonnes.

Dans le chapitre suivant, nous abordons l'amélioration des performances de l'algorithme de classification non supervisée *C*-moyennes floues par les stratégies d'évolution.

Chapitre 6

Classification floue par SE

1 Introduction

La classification automatique consiste à organiser un ensemble d'objets en plusieurs classes ou groupes naturels de telle sorte que les objets d'une même classe soient plus similaires les uns aux autres que des objets appartenant à des classes différentes. Cette approche nécessite à la fois une technique pour mesurer la ressemblance entre objets et le choix d'un critère permettant de mesurer la qualité des groupements obtenus des objets. Le problème de la classification devient alors un problème d'optimisation d'un critère [HAM 98] [BOU 98] [DUD 73]. L'algorithme *C-moyennes floues* (CMF) est un algorithme de classification basé sur ce principe [BEZ 74] [BEZ 81] [BEZ 94] [KAR 96]. Cet algorithme est largement utilisé dans la classification [GLO 94] [PAL 95]. A la différence d'autres méthodes de classification, l'algorithme CMF utilise la logique floue pour déterminer la meilleure partition possible. Le choix de la partition optimale est contrôlé par une fonction floue.

Le principal avantage de cette méthode, par rapport aux autres méthodes de classification automatique, réside dans le fait qu'elle ne se contente pas de prendre la décision d'attribuer un objet à une classe. Elle permet d'obtenir une information beaucoup plus riche : *le degré ou la probabilité d'appartenance de l'objet à chacune des classes*. A partir de cette information, il est possible d'une part de prendre une décision *douce*, et d'autres part d'accéder à d'autres informations utiles sur le système étudié tel que le degré de chevauchement entre les classes (ou entropie de la partition) qui peut servir comme critère de validation de la classification réalisée [BER 86] [BEZ 81] [DUB 90][BOU 98].

Cependant l'algorithme CMF nécessite la détermination *a priori* du nombre de classes [XIE 91] [GLO 94] et souffre de la phase d'initialisation et des optimums locaux [BEZ 94] [KUN 97] [SAR 97] [HAL 99] :

- Cet algorithme nécessite le choix optimal du nombre de classes. Ce choix optimal permet à l'algorithme de fournir une partition avec une erreur la plus faible.
- L'algorithme CMF converge en un nombre fini d'itérations mais la solution obtenue dépend de l'initialisation de l'algorithme, en effet si on réinitialise l'algorithme une seconde fois, elle convergera vers une solution locale complètement différente de la première.

Plusieurs auteurs proposent des améliorations particulières des CMF [XIE 91] [SUG 93] [BEZ 94] [WAN 96] [ZHE 94] [HAL 99] [LOR 98] [KAR 97]. Nous cernons dans ce chapitre, une adaptation évolutionniste de cet algorithme basée sur les stratégies d'évolution (SE) en vue de surmonter ses inconvénients.

2 Sous ensembles flous

La théorie des sous ensembles flous est introduite par Zadeh [ZAD 65] dans les années 60. Cette théorie permet d'avoir une graduation dans l'appartenance d'un objet à une catégorie. En effet, on admet qu'un objet puisse appartenir à une catégorie d'une manière plus au moins forte. A titre d'exemple, une température de 40 degrés appartient complètement à la catégorie « *température élevée*», la température 25 degrés n'y appartient pas complètement. Pus la température est proche de 40 degrés plus elle appartient à la catégorie température élevée. Cette notion permet d'éviter la définition de seuils rigides entre les catégories. Le concept des sous ensembles flous constitue un assouplissement de celui des sous ensembles classiques [MEU 85][DUB 93].

Soit X un ensemble de référence et soit un sous ensemble classique A de X. Le sous ensemble classique A est défini par une fonction caractéristique χ_A telle que :

$$\chi_A : X \alpha \quad [0,1]$$

$$\chi_A(x) = \begin{cases} 1 \text{ si } x \in A \\ 0 \text{ sinon} \end{cases} \quad (6.1)$$

Un sous ensemble flou A de X est défini par une fonction d'appartenance f_A qui associe à chaque objet x de X, son degré d'appartenance à A, noté $f_A(x)$, à valeurs comprises entre 0 et 1.

$$f_A(x) : X \alpha \quad [0,1]$$

Les sous ensembles classiques sont des cas particuliers des sous ensembles flous, dans ce cas $f_A(x)$ ne prend que les valeurs 0 ou 1.

Dans notre problème, l'ensemble X est fini et désigne l'ensemble des objets à classer. Les sous ensembles flous de X sont les classes.

3 Classification floue

3.1 Eléments descriptifs

Considérons un ensemble de M objets $\{O_1, O_2, ..., O_i, ..., O_M\}$ caractérisés par N attributs regroupés sous la forme d'un vecteur ligne $V = (a_1\ a_2\ ...\ a_j\ ...\ a_N)$. Soit $R_i = (a_{ij})_{1 \leq j \leq N}$ un vecteur ligne de $\boldsymbol{R}^N$ dont la $j^{\text{ème}}$ composante a_{ij} est la valeur prise par l'attribut a_j sur l'objet O_i. Soit mat_va la matrice de M lignes (représentant les objets O_i) et de N colonnes (représentant les attributs a_j), définie par :

$$mat\_va = (a_{ij})_{\substack{1 \leq i \leq M \\ 1 \leq j \leq N}} \quad (6.2)$$

V est appelé *vecteur attribut*, R_i *l'observation* associée à l'objet O_i ou *réalisation* du vecteur attribut V pour cet objet, $\boldsymbol{R}^N$ *l'espace d'observation* [HAM 98] et mat_va *matrice d'observation* associée à V. La $i$ème ligne de mat_va est l'observation R_i. Chaque observation R_i appartient à une classe CL_s, $s=1, ..., C$.

3.2 Algorithme CMF

L'algorithme des C-moyennes floues est probablement la méthode de classification la plus utilisée [GLO 94]. On se donne M observations $(R_i)_{1 \leq i \leq M}$ que l'on veut associer à C classes $(CL_s)_{1 \leq s \leq C}$ de centres $(g_s)_{1 \leq s \leq C}$. Les centres $(g_s)_{1 \leq s \leq C}$ sont des vecteurs lignes de dimension N. A la différence d'autres méthodes de classification, les CMF donnent les degrés d'appartenance aux classes : le degré d'appartenance de l'observation R_i à la classe CL_s de centre g_s est noté μ_{is}, avec $\mu_{is} \in [0,1]$. La méthode des C-moyennes floues consiste à chercher les centres g_s qui minimisent le critère d'optimisation défini par [BEZ 74] [BEZ 81] [BEZ 94] [GLO 94] [KAR 96] [LOR 98]:

$$J_{MC} = \sum_{i=1}^{M} \sum_{s=1}^{C} (\mu_{is})^{df} \left\| R_i - g_s \right\|^2 \tag{6.3}$$

Sous les contraintes :

$$\sum_{s=1}^{C} \mu_{is} = 1 \text{ pour } i=1 \text{ à } M \tag{6.4}$$

$$0 < \sum_{i=1}^{M} \mu_{is} < M \text{ pour } s=1 \text{ à } C \tag{6.5}$$

où $\left\| . \right\|$ est une distance qui est souvent supposée Euclidienne. df représente le « *degré de flou* » et peut varier de 1 à l'infini. Quand df tend vers 1, la classification devient non floue et μ_{is} ne prend que les valeurs 0 ou 1. Dans plusieurs applications, df est souvent pris égal à deux [GLO 94].

L'algorithme CMF suppose que le nombre de classes C est connu *a priori*. Après une initialisation aléatoire, les centres et les degrés d'appartenance sont modifiés itérativement. Soient μ_{is}^* et g_s^* les nouvelles valeurs, on a [GLO94] :

$$\mu_{is}^* = \frac{\left(\|R_i - g_s\|^2\right)^{\frac{-1}{df-1}}}{\sum_{k=1}^{C}\left(\|R_i - g_k\|^2\right)^{\frac{-1}{df-1}}} \quad \text{et} \quad g_s^* = \frac{\sum_{i=1}^{M}(\mu_{is}^*)^{df} R_i}{\sum_{i=1}^{M}(\mu_{is}^*)^{df}} \qquad (6.6)$$

La figure 6.1 présente l'algorithme CMF [GLO 94] [LOR 98] :

Début

    Fixer le nombre de classes C

    Initialiser aléatoirement les centres $(g_s)_{1 \leq s \leq C}$

  Arrêt = faux

Tant que Arrêt = faux **Faire**

    Ajuster les degrés d'appartenance

    Ajuster les centres

  si $\max_s \|g_s - g_s^*\| < \varepsilon$ **alors** arrêt = vrai

Fin tant que

    Affecter chaque observation R_i à la classe CL_s avec la condition $R_i \in CL_s$ si $\mu_{is} = \max \mu_{ir}$, $1 \leq r \leq C$.

Fin

Figure 6.1 : *Algorithme CMF.*

4 Classification floue évolutionniste

4.1 Codage proposé

Un algorithme SE admet un codage réel ce qui permet d'une part de maintenir la nature des variables décrivant le problème et d'autre part d'éviter le temps de calcul à allouer pour un processus de codage/décodage (ce qui est le cas des algorithmes génétiques qui utilisent le codage binaire). L'algorithme CMF consiste à sélectionner parmi toutes les partitions possibles la partition optimale en minimisant un critère. Cela conduit à déterminer les centres $(g_s)_{1 \leq s \leq C}$. Ainsi le codage réel proposé est suivant [NAS 03b] [NAS 03c] :

$$chr=(g_{sj})_{1\leq s\leq C, 1\leq j\leq N} \qquad (6.7)$$
$$=(g_{11}..g_{1N}g_{21}..g_{2N}..g_{s1}..g_{sN}..g_{C1}..g_{CN})$$

Le chromosome *chr* est un vecteur *ligne réel* de dimension $C \times N$. Les gènes $(g_{sj})_{1\leq j\leq N}$ sont les composantes du centre g_s, c'est à dire :

$$g_s=(g_{sj})_{1\leq j\leq N} \qquad (6.8)$$
$$=(g_{s1}g_{s2}..g_{sj}..g_{sN})$$

Pour éviter les solutions initiales très éloignées de la solution optimale, chaque chromosome *chr* de la population initiale doit vérifier la condition suivante :

$$g_{sj} \in [\min a_{ij\,1\leq i\leq M}, \max a_{ij\,1\leq i\leq M}] \qquad (6.9)$$

Dans l'algorithme CMFE, tout chromosome de la population initiale ayant un gène ne respectant pas cette contrainte est éliminé. Ce gène est remplacé par un autre satisfaisant la contrainte.

4.2 Fonction sélective proposée

Soit *chr* un chromosome de la population formé par les centres $(g_s)_{1\leq s\leq C}$, pour calculer la valeur sélective de *chr* nous définissons la *fonction sélective F* qui traduit le comportement (critère J'_{MC}) à optimiser [NAS 03b] [NAS 03c] :

$$F(chr)=\sum_{i=1}^{M}\sum_{s=1}^{C}(\mu_{is})^{df}\|R_i-g_s\|^2 \qquad (6.10)$$

avec

$$\mu_{is} = \frac{\left(\|R_i - g_s\|^2\right)^{\frac{-1}{df-1}}}{\sum_{k=1}^{C}\left(\|R_i - g_k\|^2\right)^{\frac{-1}{df-1}}} \quad \text{et} \quad g_s = (g_{sj})_{1 \leq j \leq N}$$

chr est *optimal* si *F* est *minimale*.

4.3 Opérateur de mutation proposé

Les performances d'un algorithme basé sur les stratégies d'évolution sont jugées suivant l'opérateur de mutation utilisé [MIC 94]. Une des formes d'opérateur de mutation, souvent utilisée dans la littérature [SCH 81] [SOL 81] [MIC 94] [BAC 96] [FOG 94] [FOG 97] [SAR 97] [HOF 91], comme nous l'avons vu en paragraphe 3.3 du chapitre 3, est donnée par l'expression suivante :

$$chr^* = chr + \sigma \times N(0,1) \qquad (6.11)$$

où *chr** représente le nouveau chromosome produit par perturbation gaussienne du chromosome *chr*. $N(0,1)$ est une gaussienne de moyenne 0 et de variance 1 générée pour le chromosome *chr* et σ est appelé paramètre stratégique. Pour un problème de minimisation à fonction sélective positive, σ doit être élevé quand la valeur sélective de *chr* est élevée (càd *chr* est loin de l'optimum global), donnant ainsi une grande perturbation à *chr*. Quand la valeur sélective de *chr* est faible, le paramètre σ doit prendre des valeurs très faibles pour ne pas trop s'éloigner de l'optimum global.

Les auteurs dans [OUA 99] [NAS 03b] [NAS 03c] se sont inspirés de cette approche pour proposer une forme particulière de l'opérateur de mutation. L'idée de proposer ce nouveau opérateur de mutation, traduit le fait qu'ils se sont intéressés à la vitesse de convergence vers la solution globale (c'est à dire le temps de convergence vers la solution globale doit être très faible).

Soit *chr* un chromosome de la population formé par les centres $(g_s)_{1 \leq s \leq C}$. Soit l'ensemble $CL_s = \{R_i / \mu_{is} = max \mu_{ir}, 1 \leq r \leq C\}$, c'est à dire la classe constituée par les observations R_i qui ont des degrés d'appartenance à cette classe de centre g_s plus élevés par rapport aux autres classes CL_r correspondantes aux centres g_r. Soit $g°_s$ le centre de gravité de CL_s (figure 6.2).

$$g°_s = \frac{\sum_{R_i \in CL_s} R_i}{l_s} \text{ où } l_s = card(CL_s) \qquad (6.12)$$

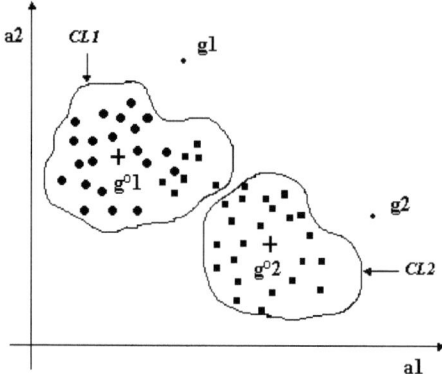

Figure 6.2 : *Exemple d'illustration dans l'espace bidimensionnel.*

L'opérateur de mutation proposé consiste à générer, à partir de *chr*, le nouveau chromosome *chr** formé par les centres $(g^*_s)_{1 \leq s \leq C}$, de la façon suivante [OUA 99] [NAS 03b] [NAS 03c] :

$$g^*_s = g_s + f_m \times (g°_s - g_s) \times N(0,1) \qquad (6.13)$$

où f_m est un facteur de pondération (constant) entre 0.5 et 1. Le nouveau paramètre stratégique proposé $\sigma' = f_m \times (g°_s - g_s)$ est faible quand g_s se rapproche de $g°_s$ et est élevé quand g_s est loin de $g°_s$. De cette façon, l'espace de recherche d'autres de solutions meilleures est plus riche. Le paramètre σ' proposé présente deux avantages :

- Premièrement, lorsque *chr* est loin de la solution globale, *chr* subit une forte perturbation gaussienne en vue de se déplacer dans l'espace de recherche plus rapidement et en même temps d'éviter les solutions locales.

- Deuxièmement, ce paramètre contrôle la perturbation gaussienne. En effet, au fur et à mesure que le chromosome *chr* se rapproche vers la solution globale, la perturbation gaussienne diminue, jusqu'à devenir nulle à la convergence.

4.4 Algorithme CMFE proposé

Pour choisir les chromosomes (parents) de la population qui vont être mutés pour générer d'autres chromosomes (fils), la technique de *choix par rangement* est adoptée. Il s'agit de ranger les chromosomes par ordre croissant de leur valeur sélective et de leur attribuer une probabilité de choix selon leurs rangs [BAK 85]. La technique *élitiste* est utilisée aussi. Il s'agit de garder intact le meilleur chromosome de la population lors du passage d'une génération à la suivante [REN 95].

La figure 6.3 présente les différentes étapes de l'algorithme CMFE proposé dans [NAS 03b] [NAS 03c].

Phase 1 :

1.1. Fixer :
- La taille de la population *maxpop*.
- Le nombre maximal de génération *maxgen*.
- Le degré de flou *df* (souvent *df* = 2).
- La constante f_m ($f_m \in [0.5, 1]$).
- Le nombre de classes *C*.
- La taille du chromosome $C \times N$.

1.2. Générer aléatoirement la population *P* :
$$P = \{chr_1, .., chr_k, ..., chr_{maxpop}\}$$

1.3. Vérifier pour chaque *chr* de *P* la contrainte (*tout chr de P ne satisfaisant pas cette condition est éliminé et remplacé par un autre vérifiant cette dernière*) :
$$g_{sj} \in [min\ a_{ij}, max\ a_{ij}], 1 \leq i \leq M$$

1.4. Affecter pour chaque *chr* de *P*, les observations R_i aux classes correspondantes :
$$CL_s = \{R_i / \mu_{is} = max\mu_{ir}, 1 \leq r \leq C\}$$

1.5. Mettre à jour la population *P*, pour chaque *chr* de *P* faire :
$$g'_s = \frac{g_s + \sum_{R_i \in CL_s} R_i}{1 + l_s} \text{ où } l_s = card(CL_s)$$

1.6. Calculer pour chaque *chr* de *P* sa valeur sélective *F(chr)*.

Phase 2 :

Répéter

2.1. Ranger les *chr* dans *P* du meilleur vers le mauvais (*par ordre croissant de F*).

2.2. Choisir les meilleurs *chr* (*remplacer dans P les maxpop /2 derniers chromosomes, un par un, par un chromosome tiré au hasard parmi les maxpop /2 premiers meilleurs*).

2.3. Affecter pour chaque *chr* de *P*, les observations R_i aux classes correspondantes :
$$CL_s = \{R_i / \mu_{is} = max\mu_{ir}, 1 \leq r \leq C\}$$

2.4. Mutation de tous les *chr* de *P* sauf le premier (*remplacer dans P chaque chr par chr* généré par perturbation gaussienne de chr. Le premier chr de P est le meilleur, il reste inchangé selon la technique élitiste*) :
$$g^*_s = g_s + f_m \times (g°_s - g_s) \times N(0,1)$$

2.5. Affecter pour chaque *chr* de *P* sauf le premier, les observations R_i aux classes correspondantes :
$$CL_s = \{R_i / \mu_{is} = max\mu_{ir}, 1 \leq r \leq C\}$$

2.6. Mettre à jour la population *P*, pour chaque *chr* de *P* sauf le premier faire :
$$g'_s = \frac{g_s + \sum_{R_i \in CL_s} R_i}{1 + l_s} \text{ où } l_s = card(CL_s)$$

(*La population P obtenue après la mise à jour constitue la population de la prochaine génération*)

2.7. Calculer pour chaque *chr* de *P* sa valeur sélective *F(chr)*.

Jusqu'à *Nb_gen (Nombre de génération)* > *maxgen*

Figure 6.3 : *Algorithme CMFE proposé.*

Dans le paragraphe qui suit, nous illustrons pratiquement les performances de l'algorithme CMFE sur des exemples de simulations. Ces exemples tiennent compte du nombre de classes et de la répartition des classes dans l'espace d'observation.

5 Résultats expérimentaux et évaluations

5.1 Introduction

Nous avons considéré deux expérimentations dans l'espace d'observation de dimension $N=2$ pour pouvoir visualiser les résultats. Ces expérimentations se distinguent l'une de l'autre selon le nombre de classes C et la répartition des classes dans l'espace d'observation. Dans chaque expérimentation, nous avons envisagé plusieurs tests de simulations, ces tests sont réalisés avec le même nombre de classes C. Dans Chaque test, les classes sont générées aléatoirement par des distributions gaussiennes et chaque classe contient 100 observations.

5.2 Première expérimentation

Dans cette expérimentation, nous évaluons les performances de l'algorithme CMFE pour un nombre de classes faible. Pour cela, nous présentons trois tests de simulations. Le nombre de classes choisi est $C=3$. Pour mieux évaluer les performances de cette approche, nous avons augmenté la complexité du problème de classification d'un test à l'autre, ceci est traduit par le degré de chevauchement entre classes.

5.2.1 Test 1

Dans ce test le degré de chevauchement est nul, les classes sont bien séparées. Le tableau suivant 6.1 présente les paramètres statistiques des classes.

	Vecteur Centre	Matrice de Covariance	
Classe CL_1	4 4	0.1400	0.0100
		0.0100	0.1500
Classe CL_2	6 2	0.1300	0.0033
		0.0033	0.1200
Classe CL_3	8 4	0.1430	0.0250
		0.0250	0.1200

Tableau 6.1 : *Paramètres statistiques du test 1.*

La figure 6.4 illustre la répartition des observations dans l'espace d'observation.

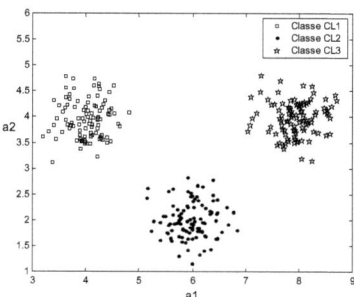

Figure 6.4 : *Répartition des observations dans l'espace.*

L'algorithme CMFE s'exécute rapidement. La figure 6.5 présente l'évolution de la valeur sélective du meilleur chromosome de la population courante au fur et à mesure des générations. Le chromosome optimal chr_{opt} obtenu est :

$$chr_{opt} = (4.0179 \quad 3.9522 \quad 5.9718 \quad 1.9959 \quad 7.9442 \quad 3.9672)$$

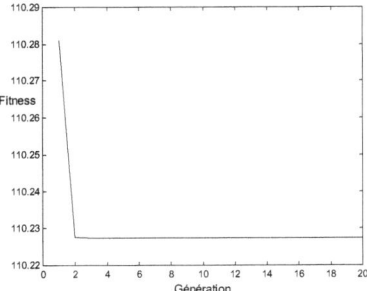

Figure 6.5 : *Evolution de la valeur sélective en fonction de la génération.*

Nous remarquons qu'en un nombre très faible de générations, l'algorithme CMFE converge vers l'optimum global en déterminant les centres des classes. Cela est dû à la nature parallèle de l'algorithme évolutionniste et à l'opérateur de mutation proposé qui a bien orienté rapidement, par une perturbation gaussienne adaptée, l'algorithme vers la solution globale tout en évitant les solutions locales. Les centres obtenus g_{sopt} sont légèrement décalés par rapport aux centres réels $g_{sréel}$:

$$\Delta g_1 = g_{1opt} - g_{1réel} = (4.0179\text{-}4 \quad 3.9522\text{-}4) = (\ 0.0179 \quad -0.0478)$$

$$\Delta g_2 = g_{2opt} - g_{2réel} = (5.9718\text{-}6 \quad 1.9959\text{-}2) = (-0.0282 \quad -0.0041)$$

$$\Delta g_3 = g_{3opt} - g_{3réel} = (7.9442\text{-}8 \quad 3.9672\text{-}4) = (-0.0558 \quad -0.0328)$$

Les résultats de la classification par l'algorithme évolutionniste sont résumés dans la figure 6.6 et le tableau 6.2 :

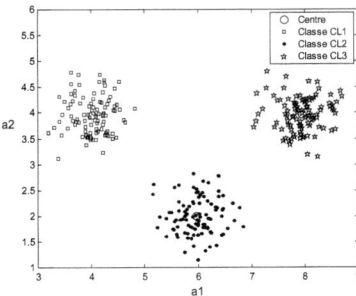

Figure 6.6 : *Classes optimales et centres correspondants obtenus par l'algorithme CMFE.*

	Classe CL_1 estimée	Classe CL_2 estimée	Classe CL_3 estimée
Classe CL_1	100	0	0
Classe CL_2	0	100	0
Classe CL_3	0	0	100

Tableau 6.2 : *Matrice de confusion.*

Ces résultats montrent que toutes les observations sont correctement affectées aux classes correspondantes, ceci est traduit par un taux d'erreur nul.

Ainsi, nous notons que l'algorithme CMFE améliore favorablement les performances de l'algorithme CMF. Le problème de la phase d'initialisation est éliminé, le résultat est le même pour plusieurs initialisations. L'opérateur de mutation proposé a permis à l'algorithme d'éviter les optimums locaux et de converger rapidement vers la solution globale.

5.2.2 Test 2

Dans ce cas, les classes sont un peu plus proches l'une de l'autre. Le tableau 6.3 illustre les paramètres statistiques des classes.

	Vecteur Centre	Matrice de Covariance	
Classe CL_1	4 4	0.4400	0.0100
		0.0100	0.4500
Classe CL_2	6 2	0.5300	0.0033
		0.0033	0.5200
Classe CL_3	8 4	0.2903	0.0250
		0.0250	0.2700

Tableau 6.3 : *Paramètres statistiques du test 2.*

La figure 6.7 montre la répartition des observations dans l'espace d'observation.

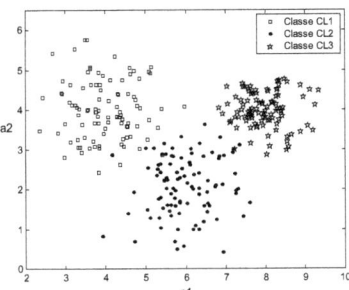

Figure 6.7 : *Répartition des observations dans l'espace.*

L'algorithme évolutionniste converge rapidement. La figure 6.8 présente l'évolution de la valeur sélective du meilleur chromosome de la population courante au fil des générations. D'après cette figure, nous remarquons que l'algorithme CMFE donne la solution globalement optimale en un nombre très faible de générations (< 4). Le chromosome optimal chr_{opt} obtenu est :

$$chr_{opt} = (3.9637 \quad 4.0007 \quad 5.9076 \quad 2.0152 \quad 7.9217 \quad 3.9288)$$

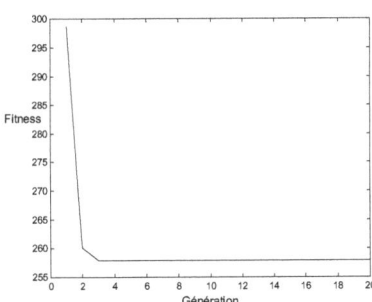

Figure 6.8 : *Evolution de la valeur sélective en fonction de la génération.*

Les résultats de la classification par l'approche proposée sont donnés dans la figure 6.9 et le tableau 6.4 :

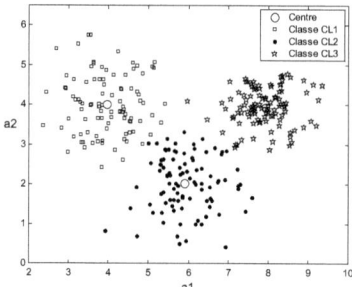

Figure 6.9 : *Classes optimales et centres correspondants obtenus par l'algorithme CMFE.*

	Classe CL_1 estimée	Classe CL_2 estimée	Classe CL_3 estimée
Classe CL_1	98	1	1
Classe CL_2	1	94	5
Classe CL_3	0	0	100

Tableau 6.4 : *Matrice de confusion.*

Le nombre d'observations mal classées est égal à 8. Le taux d'erreur obtenu est très faible :

$$\tau = \frac{8}{300} = 2.67\%$$

5.2.3 Test 3

Dans ce test, nous considérons un degré de chevauchement important, les classes sont très proches l'une de l'autre. Le tableau 6.5 explicite les paramètres statistiques des classes générées.

	Vecteur Centre	Matrice de Covariance
Classe CL_1	4 4	0.8700 0.0100 0.0100 0.7400
Classe CL_2	6 2	0.8300 0.0033 0.0033 0.7200
Classe CL_3	8 4	1.1200 0.0800 0.0800 0.9300

Tableau 6.5 : *Paramètres statistiques du test 3.*

La répartition des observations dans l'espace d'observation est donnée dans la figure 6.10. Nous notons qu'il est difficile dans ce cas de trouver la partition optimale.

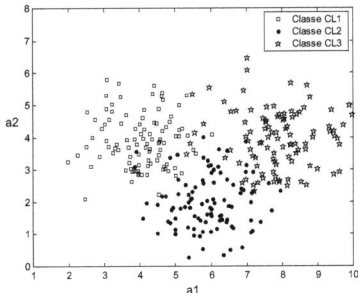

Figure 6.10 : *Répartition des observations dans l'espace.*

Nous constatons d'après la figure 6.11, illustrant l'évolution de la valeur sélective du meilleur chromosome de la population courante au fur et à mesure des générations, que l'algorithme CMFE converge rapidement vers l'optimum global. La rapidité de cet algorithme n'est pas sensible au degré de chevauchement. Le chromosome optimal chr_{opt} obtenu est :

$$chr_{opt} = (4.1012 \quad 3.9225 \quad 5.9447 \quad 1.8709 \quad 7.9207 \quad 3.9308)$$

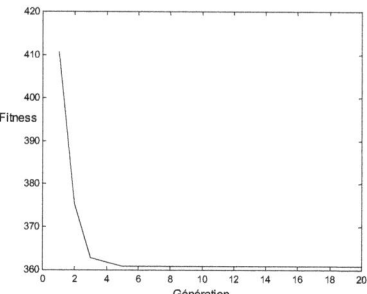

Figure 6.11 : *Evolution de la valeur sélective en fonction de la génération.*

La figure 6.12 et le tableau 6.6 récapitulent les résultats de la classification par l'algorithme proposé.

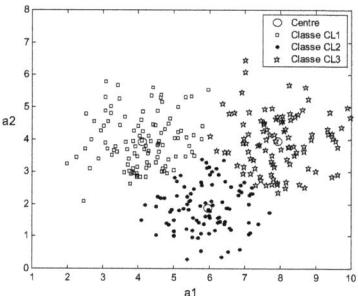

Figure 6.12 : *Classes optimales et centres correspondants obtenus par l'algorithme CMFE.*

	Classe CL_1 estimée	Classe CL_2 estimée	Classe CL_3 estimée
Classe CL_1	96	3	1
Classe CL_2	5	87	8
Classe CL_3	6	5	89

Tableau 6.6 : *Matrice de confusion.*

Le nombre d'observations mal classées, dans ce cas, est égal à 28. Le taux d'erreur correspondant est :

$$\tau = \frac{28}{300} = 9.33\%$$

Le taux d'erreur a augmenté avec le degré de chevauchement. En analysant la répartition des classes, nous constatons que les observations mal classées se situent :

- Soit loin de l'espace de leurs classes correspondantes, par exemple la classe CL_1 contient 4 observations de la classe CL_2 (figure 6.10).
- Soit aux frontières qui séparent les classes, par exemple la frontière qui sépare les deux classes CL_2 et CL_3 (figure 6.10).

Il est donc normal que ces observations subissent un mauvais classement, ce qui justifie le taux d'erreur obtenu. Par contre, les autres observations sont bien classées.

5.3 Deuxième expérimentation

Dans cette expérimentation, nous évaluons les performances de l'algorithme CMFE pour un nombre de classes élevé. Pour cela, nous avons considéré deux tests de simulations. Ces tests sont réalisés avec $C=6$.

5.3.1 Test 1

Dans ce test le degré de chevauchement est faible, les 6 classes sont un peu plus proches l'une de l'autre. Le tableau 6.7 donne les paramètres statistiques des classes générées par des distributions gaussiennes.

	Vecteur Centre	Matrice de Covariance	
Classe CL_1	4 5	0.2000	0.0100
		0.0100	0.1604
Classe CL_2	4 7	0.1800	0.0005
		0.0005	0.2130
Classe CL_3	6 3	0.1850	0.0050
		0.0050	0.3299
Classe CL_4	6 6	0.1400	0.0216
		0.0216	0.1440
Classe CL_5	8 5	0.1458	0.0200
		0.0200	0.1300
Classe CL_6	8 7	0.1160	0.0150
		0.0150	0.1300

Tableau 6.7 : *Paramètres statistiques du test1.*

La répartition des classes dans l'espace d'observation est présentée dans la figure 6.13.

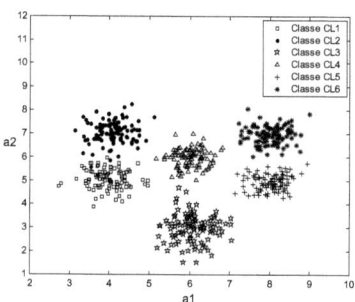

Figure 6.13 : *Répartition des classes dans l'espace.*

La figure 6.14 montre que l'algorithme CMFE converge vers la solution globale rapidement. En effet, l'algorithme a trouvé l'optimum global en un nombre de générations n'excédant pas 4, ceci est dû à l'opérateur de mutation qui a contribué de façon considérable à l'amélioration de l'espace de recherche pour permettre à l'algorithme de converger rapidement vers la solution globale. Le chromosome optimal obtenu chr_{opt} est :

$$chr_{opt} = (3.9620\ \ 5.0593\ \ 4.0718\ \ 7.1005\ \ 6.0893\ \ 2.9389\ \ 6.0310\ \ 5.9777\ \ 8.0374\ \ 4.9519$$
$$8.0133\ \ 6.9669)$$

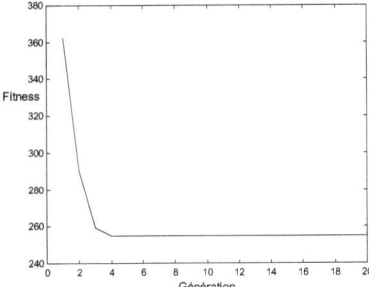

Figure 6.14 : *Evolution de la valeur sélective en fonction de la génération.*

La figure 6.15 et le tableau 6.8 illustrent les résultats de la classification par l'algorithme CMFE proposé.

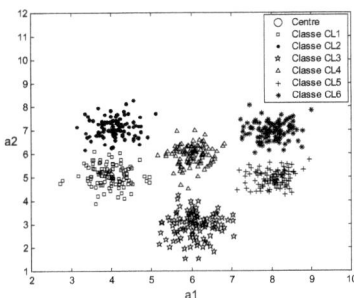

Figure 6.15 : *Classes optimales et centres correspondants obtenus par l'algorithme CMFE.*

	Classe CL_1 estimée	Classe CL_2 estimée	Classe CL_3 estimée	Classe CL_4 estimée	Classe CL_5 estimée	Classe CL_6 estimée
Classe CL_1	100	0	0	0	0	0
Classe CL_2	4	96	0	0	0	0
Classe CL_3	0	0	98	2	0	0
Classe CL_4	0	0	0	100	0	0
Classe CL_5	0	0	0	0	100	0
Classe CL_6	0	0	0	0	0	100

Tableau 6.8 : *Matrice de confusion.*

D'après le tableau 6.8, le nombre d'observations mal classées est égal à 6, le taux d'erreur obtenu est très faible :

$$\tau = \frac{6}{600} = 1\%$$

5.3.2 Test 2

Le degré de chevauchement dans ce test est important, les paramètres statistiques des 6 classes générées sont explicités dans le tableau 6.9.

	Vecteur Centre	Matrice de Covariance	
Classe CL_1	4 5	0.4000	0.0200
		0.0200	0.3604
Classe CL_2	4 7	0.4800	0.0015
		0.0015	0.4130
Classe CL_3	6 3	0.3850	0.0070
		0.0070	0.5299
Classe CL_4	6 6	0.3400	0.0250
		0.0250	0.2440
Classe CL_5	8 5	0.4458	0.0300
		0.0300	0.2300
Classe CL_6	8 7	0.3160	0.0280
		0.0280	0.2300

Tableau 6.9 : *Paramètres statistiques du test 2.*

La figure 6.16 donnant la répartition des classes dans l'espace d'observation, montre qu'il est très difficile de trouver la meilleure partition pour un tel cas. Effectivement, les observations de chaque classe ne sont pas concentrées autour de son centre. Il est très possible avec une telle situation d'avoir des observations de la classe CL_s se trouvant plus proches au centre de la classe $CL_{s'}$ qu'au centre de CL_s (figure 6.16). De cette façon, ces observations subissent une mauvaise classification.

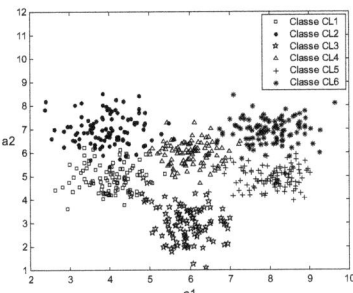

Figure 6.16 : *Répartition des classes dans l'espace.*

L'algorithme CMFE converge en un nombre très faible de générations vers l'optimum global (figure 6.17). La rapidité de cet algorithme n'est pas sensible aussi au degré de chevauchement pour un nombre de classes élevé. Le chromosome optimal obtenu chr_{opt} dans ce cas est :

chr_{opt} = (4.1071 4.8030 3.9031 6.9612 6.0048 2.8858 6.0564 5.9842 8.1286 4.9510 8.0197 6.9866)

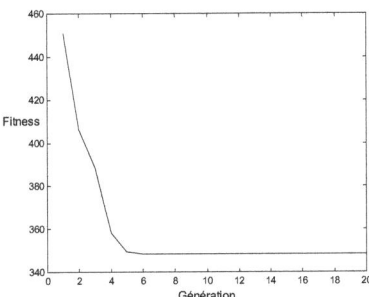

Figure 6.17 : *Evolution de la valeur sélective en fonction de la génération*

Les résultats de la classification par l'algorithme CMFE sont résumés dans la figure 6.18 et dans le tableau 6.10.

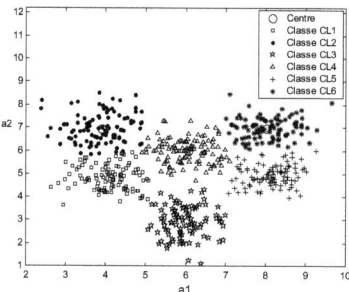

Figure 6.18 : *Classes optimales et centres correspondants obtenus par l'algorithme CMFE.*

	Classe CL_1 estimée	Classe CL_2 estimée	Classe CL_3 estimée	Classe CL_4 estimée	Classe CL_5 estimée	Classe CL_6 estimée
Classe CL_1	91	7	0	2	0	0
Classe CL_2	5	91	0	4	0	0
Classe CL_3	8	0	92	0	0	0
Classe CL_4	0	0	0	98	0	2
Classe CL_5	0	0	1	5	94	0
Classe CL_6	0	0	0	5	4	91

Tableau 6.10 : *Matrice de confusion.*

Le tableau 6.10 montre que le nombre d'observations mal classées a augmenté avec le degré de chevauchement. Ce nombre est égal à 43, le taux d'erreur correspondant est :

$$\tau = \frac{43}{600} = 7.17\%$$

En augmentant le degré de chevauchement, le taux d'erreur obtenu reste faible, ce qui confirme aussi pour un nombre élevé de classes les bonnes performances de l'algorithme CMFE présenté.

7 Conclusion

La classification par l'algorithme C-moyennes floues nécessite la connaissance *a priori* du nombre de classes et présente deux difficultés qui sont la phase d'initialisation et les optimums locaux.

Nous avons envisagé, dans ce chapitre, une solution aux problèmes de l'algorithme CMF. Cette solution repose sur les stratégies d'évolution. Nous avons présenté l'algorithme C-moyennes floues évolutionniste CMFE. Cette approche est testée sur des exemples de simulations. La complexité du problème de classification est augmentée d'un test à l'autre. Les résultats expérimentaux obtenus montrent bien la rapidité de convergence et les bonnes performances de la méthode de classification présentée. Les deux problèmes d'initialisation et d'optimums locaux sont éliminés dans l'algorithme CMFE. Le chapitre suivant est consacré spécialement à la détermination du nombre optimal de classes.

Chapitre 7

Nombre optimal de classes

1 Introduction

Dans nombre de problèmes de partition, le choix du nombre de classes C est difficile. Il est nécessaire de définir un critère afin de déterminer un nombre de classes de manière optimale et non de manière *a priori* [RUS 69] [LOR 98]. Il existe dans la littérature plusieurs critères permettant de déterminer le nombre optimal de classes. Nous présentons, ici, en premier lieu, quelques critères plus connus issus d'approches différentes. En second lieu, nous accordons un grand intérêt à deux critères particuliers. Le premier fait référence aux notions de séparabilité et compacité, l'autre fait appel à la notion d'entropie.

2 Quelques critères

2.1 Critères informationnels

Les approches classiques optimisent des critères informationnels de validité. Ces critères qui tiennent compte des caractéristiques géométriques et topologiques des classes résultantes permettent d'évaluer la valeur de la classification. Ces critères informationnels J_{inf} possèdent la forme suivante [BOZ 81] [BOZ 87] :

$$J_{inf}(C) = -2P_{max}(C) + 2\psi L_b(C) \tag{7.1}$$

où $P_{max}(C)$ est la probabilité maximale, ψ est le coefficient de pénalisation sur chaque critère et $L_b(C)$ est le nombre de paramètres libres du modèle. Le terme $2\psi L_b(C)$ constitue une pénalisation du maximum de vraisemblance [BOZ 81] [BOZ 87]. Le plus connu parmi ces critères est le critère AIC (Akaike Information Criterion ou Critère informationnel d'Akaike) proposé par Akaike dans [AKA 74] dans le but d'identifier des modèles statistiques, ce critère correspond à $\psi=1$.

Une autre forme de AIC est proposée par Bozdogan dans [BOZ 81], cette forme est appelée AIC3 et correspond à $\psi=3/2$. Schwarz a proposé un autre critère appelé BIC [SCH 78], ce dernier correspond à $\psi=\log(M)$ avec M est le nombre d'observations. Les études effectuées sur ces critères en vue de les évaluer ont souligné notamment que les critères AIC et AIC3 sont meilleurs que les autres cités ci-dessus [CUL 94] [NAD 98] [FIR 97].

2.2 Critères basés sur la séparabilité et la compacité des classes

Dans [HOF 87] [NGU 93] [XIE 91], les auteurs utilisent un critère qui tient compte de la compacité et de la séparabilité des classes. Ces deux notions permettent de définir des critères qui peuvent être utilisés pour qualifier une classification floue [GLO94] :

- Un critère de compacité, défini par :

$$Comp(C) = \frac{1}{M}\sum_{i=1}^{M}\sum_{s=1}^{C}(\mu_{is})^{df}\|R_i - g_s\|^2 \qquad (7.2)$$

- et un critère de séparabilité, défini par :

$$S\acute{e}p(C) = \min_{s \neq s'}\|g_s - g_{s'}\|^2 \qquad (7.3)$$

Xie et Beni [XIE 91] proposent de choisir le nombre C_{opt} qui minimise le rapport :

$$C_{opt} = \arg\min_C \frac{Comp(C)}{Sép(C)} \qquad (7.4)$$

2.3 Critère MDL

Il existe d'autres approches qui consistent à minimiser un critère. Un des plus connus est le critère MDL (maximum Description Length) proposé par Rissanen [RIS 78][RIS 91]. Ce critère a été utilisé en imagerie médicale pour estimer le nombre de classes d'un problème de segmentation de tissus [LIA 94].

2.4 Critère de type log-vraissemblance

Le lecteur peut se référer à l'article de Olivier et al. [OLI 97] qui proposent une étude comparative de divers critères de type log-vraissemblance pénalisée permettant d'estimer l'ordre d'un modèle.

2.5 Critères entropiques

Une classe est représentée dans l'espace d'observation par un nuage de points. La disposition (la répartition) de ces nuages dans l'espace d'observation peut être caractérisée par les distances intra-nuage et l'entropie [LOR 99]. Palubinskas et al. [PAL 98] ont travaillé sur ce sujet dans le cas non flou. Le premier terme de leur critère est la somme des distances intra-nuage. Le second terme est l'entropie des nuages de points. Ces méthodes sont connues sous le nom de méthodes entropiques et sont basées sur la théorie de Shannon [KHI 57] [SHA 48].

La liste des critères cités ci-dessus n'est pas exhaustive, il existe d'autres critères [FRI 96] permettant le choix optimal du nombre de classes. Les auteurs soulignent notamment la tendance à la surparamétrisation du critère AIC.

3 Optimisation du critère de Xie et Beni par stratégies d'évolution

3.1 Algorithme d'optimisation

Soit F_{XB} la fonction, qui traduit le critère de Xie et Beni, définie par :

$$F_{XB}(C,chr) = \frac{\frac{1}{M}\sum_{i=1}^{M}\sum_{s=1}^{C}(\mu_{is})^{df}\|R_i - g_s\|^2}{\min_{s \neq s'}\|g_s - g_{s'}\|^2} \quad (7.5)$$

où chr est un chromosome formé par les centres $(g_s)_{1 \leq s \leq C}$.

Pour une valeur de C donnée (fixée), la fonction $F_{XB}(C,chr)$ ne dépend que de chr. L'algorithme permettant le calcul de $F_{XB}(C,chr)$ avec C fixé, doit fournir à la convergence la partition globalement optimale (chr optimum global) dont la valeur de $F_{XB}(C,chr)$ est la plus faible. Soit $f_{XB}(C) = \min_{chr} F_{XB}(C,chr)$ cette valeur. Le critère de Xie et Beni consiste à choisir le nombre C_{opt} tel que $f_{XB}(C_{opt}) = \min_C f_{XB}(C)$. La figure 7.1 donnant un exemple d'illustration, montre que si le calcul de $f_{XB}(C)$ (avec C fixe) présente des solutions locales, le critère de Xie et Beni ne déterminera pas correctement le nombre optimal de classes C_{opt}.

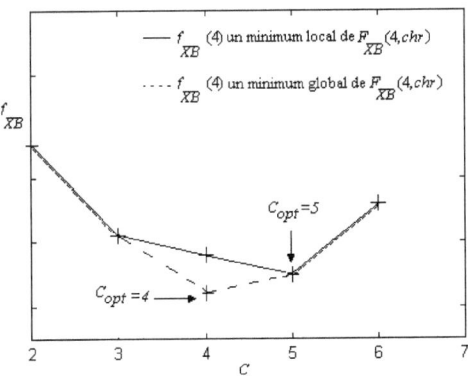

Figure 7.1 : *Exemple d'illustration.*

Ainsi, pour éviter les solutions locales lors du calcul de $f_{XB}(C)$ pour une valeur de C donnée, nous avons conçu un algorithme évolutionniste appelé SE_XB [NAS 03c]. Cet algorithme possède les mêmes étapes que l'algorithme CMFE, sauf que la fonction sélective F est remplacée cette fois par la fonction sélective F_{XB}.

L'algorithme SE_XB est exécuté pour plusieurs valeurs de C, $C \in [C_{min}, C_{max}]$ ($2 \leq C_{min}$ et $C_{max} \ll M$). Pour chaque valeur de C, cet algorithme donne à la convergence $f_{XB}(C)$. Le nombre optimal de classes C_{opt} selon le critere de Xie et Beni correspond à C dont la valeur de $f_{XB}(C)$ est la plus faible.

3.2 Résultats expérimentaux et évaluations

Pour évaluer les performances de cette approche, nous avons considéré trois tests. Ces derniers sont réalisés avec $C=3$.

3.2.1 Test 1

Dans ce test le degré de chevauchement est nul, les classes sont bien séparées. La figure 7.2 illustre la répartition des observations dans l'espace d'observation.

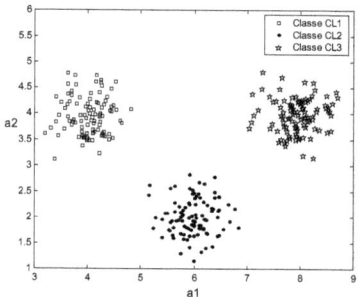

Figure 7.2 : *Répartition des observations dans l'espace.*

L'algorithme SE_XB est exécuté pour plusieurs valeurs de C, $C \in [2,6]$. La figure 7.3 présente l'évolution de la fonction f_{XB} en fonction du nombre de classes C.

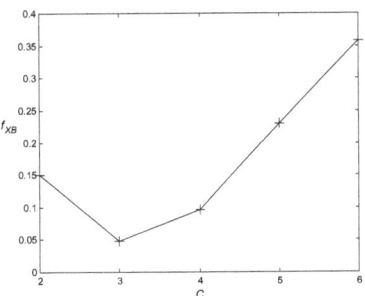

Figure 7.3 : *Evolution de f_{XB} en fonction de C, C_{opt} =3.*

D'après cette figure, nous remarquons que le nombre optimal de classes obtenu est C_{opt}=3, ce nombre coïncide avec le nombre réel de classes qui est égal à 3. Ainsi, l'optimisation du critère de Xie et Beni par stratégies d'évolution a permis de déterminer avec succès le nombre optimal de classes.

3.2.2 Test 2

Dans ce cas, les classes sont un peu plus proches l'une de l'autre. La figure 7.4 montre la répartition des observations dans l'espace d'observation.

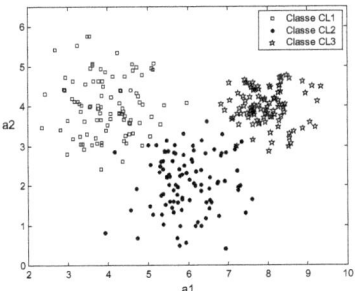

Figure 7.4 : *Répartition des observations dans l'espace.*

La figure 7.5 montre l'évolution de la fonction f_{XB} en fonction du nombre de classes C. La courbe est obtenue par exécution de l'algorithme SE_XB pour plusieurs valeurs de C, $C \in [2,6]$. D'après cette courbe, nous signalons que pour un degré de chevauchement faible, le critère de Xie et Beni optimisé par stratégies d'évolution a déterminé aussi avec succès le nombre optimal de classes. Ce nombre est $C_{opt} = 3$.

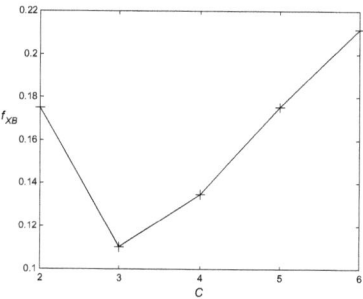

Figure 7.5 : *Evolution de f_{XB} en fonction de C, $C_{opt} = 3$.*

3.2.3 Test 3

Le degré de chevauchement est important dans ce test, les classes sont très proches l'une de l'autre. La répartition des observations dans l'espace d'observation est donnée dans la figure 7.6. Nous notons qu'il est difficile dans ce cas d'estimer le nombre optimal de classes.

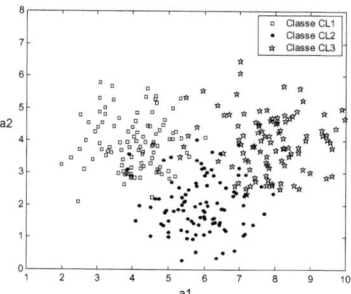

Figure 7.6 : *Répartition des observations dans l'espace.*

La figure 7.7 illustrant l'évolution de la fonction f_{XB} en fonction du nombre de classes C, montre que le nombre optimal de classes est estimé avec difficulté dans ce cas. Ce nombre est $C_{opt} = 3$. Ceci montre que lorsque le degré de chevauchement est important c'est à dire les classes ne sont pas séparées, le critère de Xie et Beni risque de ne pas donner correctement le nombre optimal de classes. En effet, dans la figure 7.7 nous avons $f_{XB}(3) \approx f_{XB}(4)$.

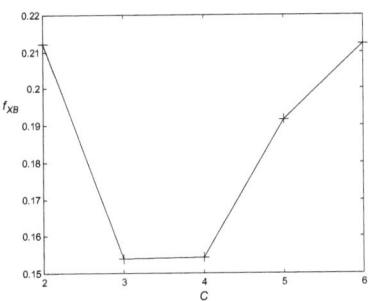

Figure 7.7 : *Evolution de f_{XB} en fonction de C, C_{opt} =3*.

3.2.4 Conclusion sur les trois tests

Les trois tests confirment les bonnes performances de l'algorithme SE_XB. En effet, l'optimisation du critère de Xie et Beni par stratégies d'évolution a permis de bien estimer le nombre optimal de classes dans le cas où les classes sont bien séparées ou présentent un degré de chevauchement faible. Dans le cas où le degré de chevauchement est important, le critère de Xie et Beni optimisé par stratégies d'évolution peut ne pas donner correctement le nombre optimal de classes. Cette difficulté de déterminer le nombre optimal de classes revient d'une part au fait qu'il est difficile, en général, d'estimer le nombre optimal de classes pour des classes qui présentent un degré de chevauchement important et d'autres part à la nature du critère de Xie et Beni.

4 Critère entropique J_{HE}

4.1 Présentation du critère

Pour une valeur de C donnée (fixée), l'algorithme CMFE (décrit dans le chapitre précédent) fournit à la convergence la partition globalement optimale dont la valeur de F est la plus faible. Soit $f(C) = \min_{chr} F(chr)$ cette valeur (chr est un vecteur ligne réel de dimension $C \times N$ formé par les centres $(g_s)_{1 \leq s \leq C}$). L'objectif est de chercher un nombre $C_{opt} \ll M$ qui permet une classification floue optimale. Ce choix optimal permet à l'algorithme de fournir une partition avec une erreur la plus faible.

Dans [RUS 69], Ruspini interprète μ_{is} (degré d'appartenance de l'observation R_i à la classe CL_s) comme la probabilité $p(R_i \in CL_s)$ que l'observation R_i appartienne à la classe CL_s. De même, les auteurs du critère J_{HE} interprètent μ_{is} comme la probabilité $p(R_i \in CL_s)$ que l'observation R_i appartienne à la classe CL_s [NAS 06]. En effet, nous avons :

$$\mu_{is} \in [0,1] \text{ et } \sum_{s=1}^{C} \mu_{is} = 1, \forall i \quad (7.6)$$

La probabilité *a priori* de chaque observation est $p(R_i)$ [NAS 06] :

$$p(R_i) = \frac{1}{M} \quad (7.7)$$

Donc la probabilité *a priori* de la classe CL_s d'après le théorème des probabilités totales [MOO 74] est définie comme suit [NAS 06] :

$$p_s = \sum_{i=1}^{M} p(R_i) p(R_i \in CL_s) \quad (7.8)$$
$$= \frac{1}{M} \sum_{i=1}^{M} \mu_{is}$$

Une classe est représentée dans l'espace d'observation par un nuage de points. La disposition (la répartition) de ces nuages dans l'espace d'observation peut être caractérisée par les distances intra-nuage et l'entropie [NAS 06]. Palubinskas et al. [PAL 98] ont travaillé sur ce sujet dans le cas non flou. Le premier terme de leur critère est la somme des distances intra-nuage. Le second terme est l'entropie des nuages de points. Ces méthodes sont connues sous le nom de méthodes entropiques.

Les auteurs du critère J_{HE} se sont sommes inspirés de cette approche pour définir l'entropie des nuages de points dans le cas flou. L'entropie des nuages est [NAS 06] :

$$E(C) = -M \sum_{s=1}^{C} p_s \log(p_s) \qquad (7.9)$$

Ainsi, pour déterminer le nombre de classes de manière optimale, les auteurs ont proposé dans [NAS 06] le critère suivant :

$$J_{HE}(C) = f(C) + E(C) \qquad (7.10)$$

Le premier terme $f(C)$ de ce critère caractérise l'homogénéité des nuages de points. Ce terme est plus minimal lorsqu'un nuage de points caractérise des points plus semblables entre eux. Le second terme $E(C)$ est l'entropie des nuages de points. Ce terme est plus minimal lorsque tous les points plus semblables entre eux sont dans le même nuage de points et que tous les autres sont ailleurs.

L'algorithme CMFE est exécuté pour plusieurs valeurs de C, $C \in [C_{min}, C_{max}]$ ($2 \leq C_{min}$ et $C_{max} << M$). Pour chaque valeur de C, cet algorithme donne à la convergence $f(C)$ et les degrés d'appartenance (probabilités) μ_{is}. Une fois que nous avons les μ_{is}, nous calculons $E(C)$ et nous déterminons la valeur de $J_{HE}(C)$. Le nombre optimal de classes C_{opt} est choisi tel que :

$$J_{HE}(C_{opt}) = \min_C J_{HE}(C) \Leftrightarrow C_{opt} = \arg\min_C J_{HE}(C) \qquad (7.11)$$

4.2 Résultats expérimentaux et évaluations

Nous avons considéré trois tests de simulations dans l'espace d'observation de dimension $N=2$ pour pouvoir visualiser les résultats. Ces tests se différent l'un à l'autre selon la répartition des classes dans l'espace d'observation. Dans chaque test, les classes sont générées aléatoirement par des distributions gaussiennes et chaque classe contient 100 observations.

4.2.1 Test 1

Dans ce test, le nombre de classes choisi est $C=3$ et le degré de chevauchement entre classes est nul, les classes sont bien séparées. La figure 7.8 illustre la répartition des observations dans l'espace d'observation.

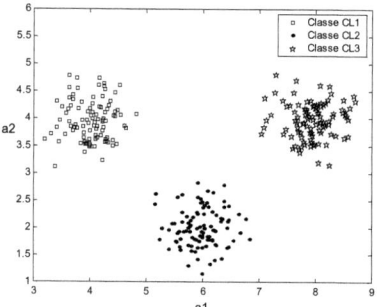

Figure 7.8 : *Répartition des observations dans l'espace.*

Dans ce test, l'algorithme CMFE est exécuté pour plusieurs valeurs de C, $C \in [2,6]$. La figure 7.9 illustre l'évolution de la fonction J_{HE} en fonction du nombre de classes C.

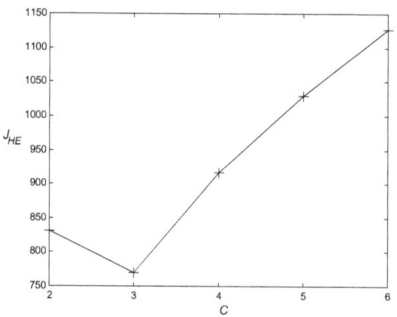

Figure 7.9 : *Evolution de J_{HE} en fonction de C pour test 1, $C_{opt} = 3$.*

4.2.2 Test 2

Dans ce test, nous avons considéré aussi trois classes, mais le degré de chevauchement est important dans ce cas. Les classes sont très proches l'une de l'autre et possèdent les mêmes centres que les classes du test1. La répartition des observations dans l'espace d'observation est donnée dans la figure 7.10. Nous notons qu'il est difficile dans ce cas de trouver la partition optimale.

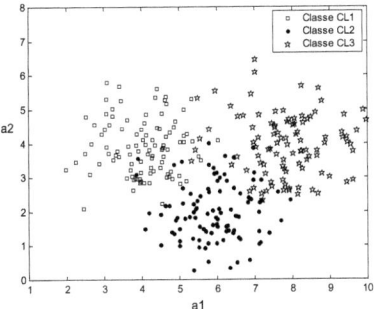

Figure 7.10 : *Répartition des observations dans l'espace.*

L'algorithme CMFE est exécuté pour plusieurs valeurs de C, $C \in [2,6]$. La figure 7.11 montre l'évolution de la fonction J_{HE} en fonction du nombre de classes C.

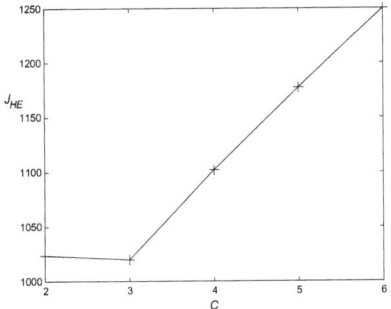

Figure 7.11 : *Evolution de J_{HE} en fonction de C pour test 2, C_{opt} =3*

4.2.3 Test 3

Dans ce test, nous évaluons les performances du critère J_{HE} pour un nombre de classes élevé, pour cela nous avons choisi $C = 6$. Le degré de chevauchement entre classes est important. La figure 7.12 donnant la répartition des classes dans l'espace d'observation, montre qu'il est très difficile de trouver la meilleure partition pour un tel cas. Effectivement, les observations de chaque classe ne sont pas concentrées autour de son centre. Il est très possible avec une telle situation d'avoir des observations de la classe CL_s se trouvant plus proches au centre de la classe $CL_{s'}$ qu'au centre de CL_s (figure 7.12). De cette façon, ces observations subissent une mauvaise classification.

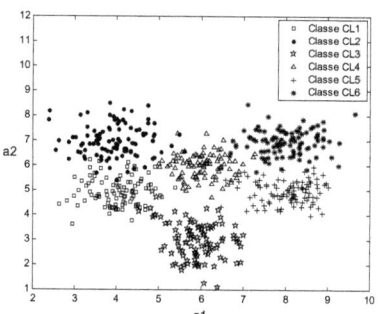

Figure 7.12 : *Répartition des observations dans l'espace.*

Dans ce test, l'algorithme CMFE est exécuté pour plusieurs valeurs de C, $C \in [2,10]$. La figure 7.13 illustre l'évolution de la fonction J_{HE} en fonction du nombre de classes C.

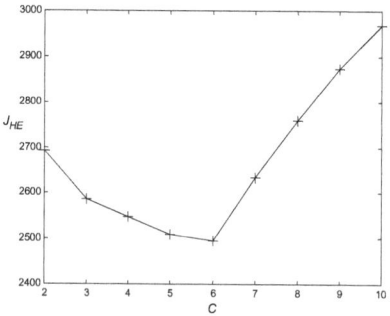

Figure 7.13 : *Evolution de J_{HE} en fonction de C pour test 3, C_{opt} =6.*

4.2.4 Conclusion sur les trois tests

Dans chaque test, le nombre optimal de classes C_{opt} estimé coïncide avec le nombre réel de classes $C_{réel}$ (i.e. $C_{opt} = C_{réel} = 3$ pour le tests 1 et 2, $C_{opt} = C_{réel} = 6$ pour le test 3). Les trois tests montrent les bonnes performances du critère J_{HE} vis-à-vis à la complexité du problème de classification (degré de chevauchement important ou nombre de classes élevé).

5 Conclusion

La classification non supervisée nécessite la connaissance exacte et non a priori du nombre de classes. Il est primordial de choisir le nombre exact de classes pour garantir une bonne qualité de classification. La détermination du nombre optimal de classes n'est pas toujours simple, surtout en présence de cas de chevauchement entre classes.

Nous avons cerné dans ce chapitre quelques critères permettant de déterminer le nombre optimal de classes. Ces critères sont issus d'approches différentes. Nous avons accordé un grand intérêt à deux critères particuliers. Le premier c'est le critère de Xie et Beni qui fait référence aux notions de séparabilité et compacité, l'autre c'est le critère J_{HE} qui fait appel à la notion d'entropie. Ces deux critères sont testés sur des exemples de simulations. Les résultats expérimentaux obtenus montrent les bonnes performances de ces derniers. Le critère J_{HE} garde son efficacité face au chevauchement entre les classes.

Annexe

Images de textures utilisées dans les tests envisagés en chapitre 4 et 5.

Images de la classe *Sol*$_1$

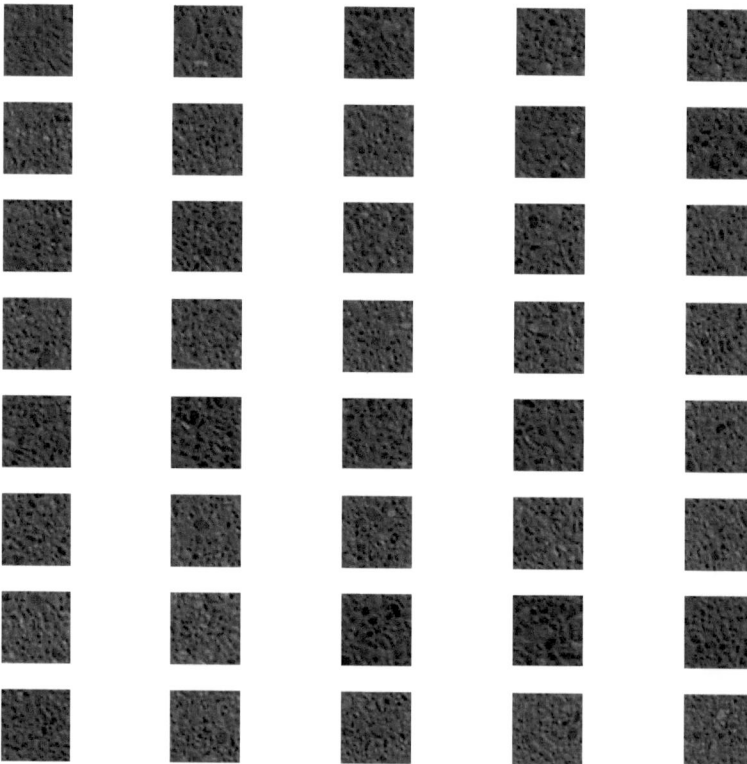

Annexe 139

Images de la classe *Sol*₂

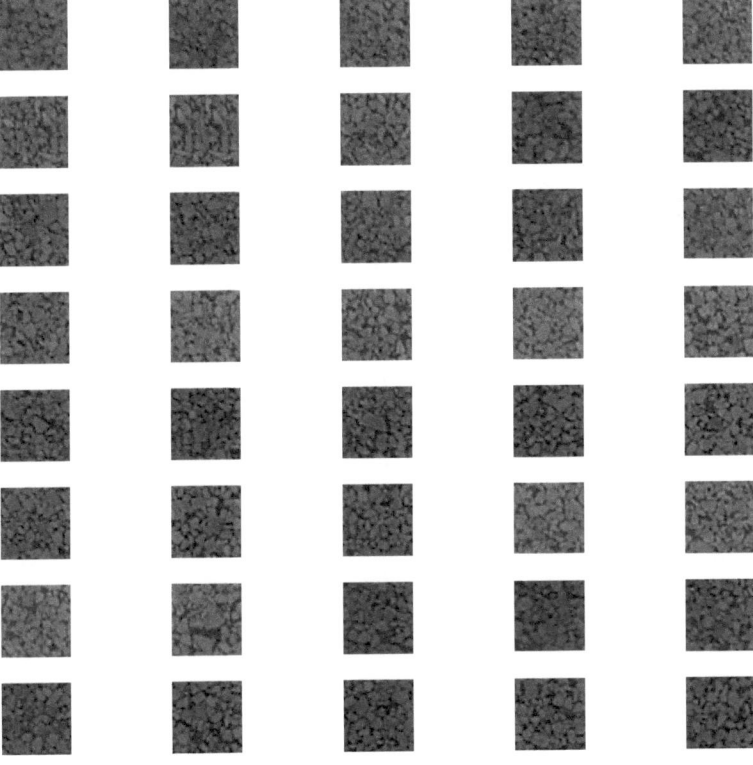

Annexe

Images de la classe *Sol₃*

Annexe 141

Images de la classe *Laine*

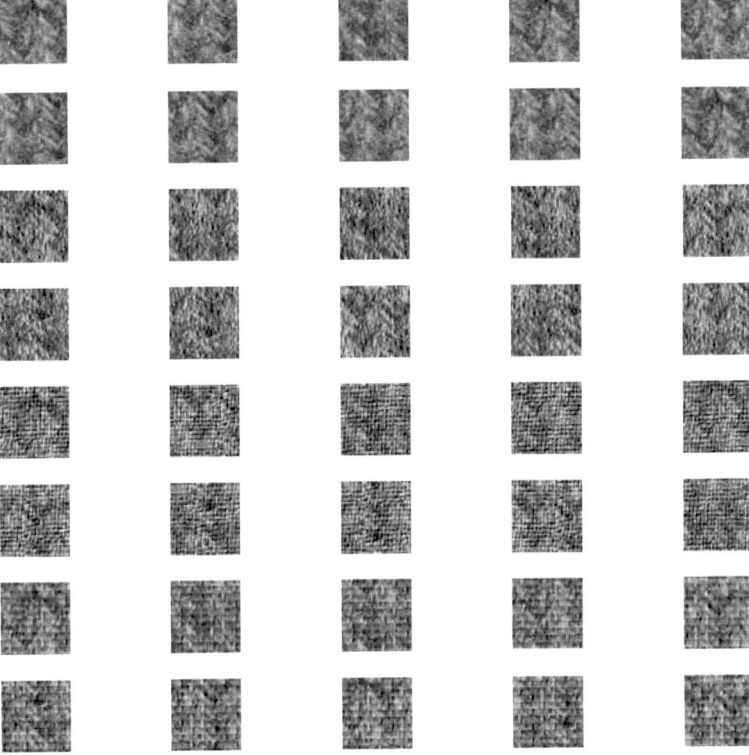

Bibliographie

[AMM 07] O. Ammor, N. Raiss et K. Slaoui. Détermination du nombre optimal de classes présentant un fort degré de chevauchement. Revue MODULAD, N° 37, pp.31-42, 2007.

[ANO 97] F. Anouar, F. Badran et S. Thiria. Cartes topologiques et nuées dynamiques. Statistique et Méthodes Neuronales, Editions DUNOD, pp. 190-206, 1997.

[AKA 74] H. Akaike. A new look at the statistical model identification. IEEE Trans. on Automatic Control, Vol. 19, N°6, pp. 716-723, 1974.

[ALB 92] J. Albert, F. Ferri, J. Domingo et M. Vincens. An approach to natural scene segmentation by means of genetic algorithms with fuzzy data. In pattern Recognition and image analysis, pp. 97-113, 1992.

[ASS 89] J. P. Asselin de Beauville. Panorama de l'utilisation du mode en classification automatique. RAIRO-APII, AFCET, N° 23, pp. 113-137, 1989.

[AUR 91] J. P. Auray, G. Duru et A. Zighed. Les méthodes d'explication. In Analyse des Données Multidimensionnelles. Alexandre Lacassagne, Lyon, 1991.

[BAC 91] T. Bäck, F. Hoffmeister et H. P. Schwefel. A survey of evolutionary strategies. Proceedings of the fourth International Conference on Genetic Algorithms, pp. 2-9, 1991.

[BAC 96] T. Bäck. Evolutionary algorithms in theory and practice. Oxford University Press, 1996.

[BAJ 76] R. Bajcsy et M. Lieberman. Texture gradient as a depth cue. Computer Graphics and Image Processing (CGIP), vol. 5, 1976.

[BAK 85] J. E. Baker. Adaptive selection methods for genetic algorithm. Proceedings of the first International Conference on Genetic Algorithms, pp. 101-111, 1985.

[BAR 88] M. F. Barnsley, R. L. Devaney, B. B. Mandelbrot, H. O. Peitgen, D. Saupe et R. Voss. The science of fractal images. Springer Verlag, Heidelberg, 1988.

[BEK 00] Bekkhocha, M. Ramdani et A. Faress. Définition de paramètres de caractérisation de textures par les longueurs de plages floues. International Symposium on Image/Video Communication over Fixed and Mobile Networks ISIVC'2000, Vol.2, pp. 55-65, 2000.

[BEK 94]   A. Bekkhocha, A. Colin et P. Dubois. Analyse de texture osseuse radiographique. 3ème Congrès sur la recherche en imagerie médicale, Paris, 1994.

[BEK 98]   A. Bekkoucha et A. Faress. Définition de nouveaux paramètres pour la caractérisation de textures par les longueurs de plages. TISVA'98, Oujda, Maroc, 27-28 Avril 1998. pp. 69-76.

[BER 81]   P. Bertier et J. M. Bouroche. Analyse des données multidimensionnelles. Presses Université de France, Paris, 1981.

[BER 86]   M. Bereau et B. Dubuisson. An adaptative algorithm of fuzzy classification in a partially supervised environement. IEEE, pp. 120-122, 1986.

[BES 86]   P.J. Besl and R.C. Jain. Invariant surface characteristics for 3D object recognition in range images. In CVGIP, Vol. 33, pp. 33-80, 1986.

[BEZ 74]   J. C. Bezdek. Cluster validity with fuzzy sets. J. Cybernetics, Vol.3, N°3, pp. 58-73, 1974.

[BEZ 81]   J. C. Bezdek. Pattern recognition with fuzzy objective function algorithms. Plenum Press, New York, 1981.

[BEZ 94]   J. C. Bezdek et R. J. Hathaway. Optimization of fuzzy clustering criteria using genetic algorithms. In Proc. First IEEE Conf. Evolutionary Computation, Piscataway, NJ : IEEE Press, Vol.2, pp. 589-594, 1994.

[BHA 67]   C. G. Bhattacharya. A simple method of resolution of a distribution into gaussian components. Biomettrics, Vol. 23, pp. 115-135, 1967.

[BIS 95]   C. Bishop. Neural networks for pattern recognition. Oxford University Press, 1995.

[BOU 98]   A. Bouroumi, A. Elkharraz, D. Hamad, J.G Postaire et A. Essaîd. Présentation d'un réseau de neurones à apprentissage compétitif flou : application à la classification automatique des données. TISVA'98, Oujda, Maroc, 27-28 April 1998, pp. 273-282.

[BOZ 81]   H. Bozdogan. Multi-sample cluster analysis and approaches to validity studies in clustering individuals. PhD Thesis, University of Illinois at Chicago, USA 1981.

[BOZ 87]   H. Bozdogan. Model selection and Akaike's information criterion (AIC) : the general theory and its analytical extensions. Psychometrika, Vol. 52, N°3, pp. 345-370, 1987.

[BRO 92]   G. Brown, G. Michon et J. Peyrière. On the multifractal analysis of measures. In Journal of Stat. Phys., t. 66, pp.775-790, 1992.

[CAI 76]   F. Caillez et J. Pages. Introduction à l'analyse des données. Société de Mathématiques Appliquées et de Sciences Humaines, 1976.

[CAL 89]   T.C. Callaghan. Interference and dominance in texture segregation : hue, geometric form, and line orientation. Perception and Psychophysics, pp. 299-311, 1989.

[CAL 93]   A. Calway. Image analysis using a generalised wavelet transform. Colloque nstitution of electrical engineers, vol.DIG009, 1993.

[CAR 93]   B. Carse et T. C. Fogarty. A fuzzy classifier system using the Pittsburg approach. Lect. Notes in Computer Siences, Springer-Verlag, 1993.

[CEL 82]   G. Celeux et Y. Lechevallier. Méthodes de segmentation non paramétriques. R.S.A., Vol. 30, N°4, pp. 39-53, 1982.

[CEL 89]   G. Celeux, E. Diday, G. Govaret, Y. Lechevallier et H. Ralamboudrainy. Classification automatique des données. Editions DUNOD, 1989.

[CEL 92]   G. Celeux. Modèles probabilistes en classification. Modèles pour l'Analyse des Données Multidimensionnelles, Editions ECONOMICA, pp. 165-214, 1992.

[CHE 82]   C. H. Chen. A study of texture classification using spectral features. Proceedings of the 6th International Conference of Pattern Recognition, Munich 1982.

[CHE 85]   R. Chellappa et R. Kashyap. Texture synthesis using 2D non-causal autoregressive models. IEEE Trans. on Acoustics, Speech and Signal Processing, Vol. 33, N° 1, pp. 194-203, Février 1985.

[CLE 89]   G. Cleveland et S. Smith. Using genetic algorithms to schedule flow shop release. In Proc. of the 3rd International Conference on Genetic Algorithms and their Applications. San Mateo, CA. Morgan Kaufmann, 1989.

[COC 95]   T. P. Cocquerez et S. Phillip. Analyse d'images : filtrage et segmentation. Editions MASSON, Paris, 1995.

[COL 79]   G. B. Coleman et H. C. Andrews. Image segmentation by clustering. Proceedings of IEEE, Vol. 76, N° 5, pp. 773-785, 1979.

[COU 98]   P. Courtellemont. Une certaine image du document. Habilitation à diriger des recherches, Université de Rouen, Janvier 1998.

[CUL 94]   A. Culter et M. Windham. Information based validity functionals for mixture analysis. In Proc. of the first US/Japan Conf. on the Frontier of Statistical Modeling. Kluwer Academic Publishers. Netherlands, pp. 149-170, 1994.

[DAS 97]   M. Dash et H. Liu. Feature selection for classification. Intelligent Data Analysis, vol. 1, N°3, east.elsevier.com/ida/browse/0103/ida0103/article.htm,

1997.

[DAV 85] L. Davis. Job shop scheduling with genetic algorithm. In Proc. of the International Conference on Genetic Algorithms and their Applications. Hillsdale, N.J, 1985.

[DAV 91] L. Davis. Handbook of genetic algorithms. Van Nostrand Reinhold, New York, 1991.

[DAV 93] E. Davalo et P. Naim. Des réseaux de neurones. Editions EYROLLES, 1993.

[DAY 91] Y. Davidor. Genetic algorithms and robotics : a heuristic strategy for optimization. World Scientific, 1991.

[DEB 98] S. De Backer, A. Naud et P. Scheunders. Non linear dimensionality reduction techniques for unsupervised feature extraction. Pattern Recognition Letters, Vol. 19, N°8, pp. 711-720, 1998.

[DEJ 75] K. De Jong. An analysis of the behavior of a class of genetic adaptive systems. PhD Thesis, University of Michigan, 1975.

[DEJ 87] K. De Jong. On using genetic algorithms to search program space. In Proc. of the second International Conference on Genetic Algorithms and their Applications. Hillsdale, N.J, pp. 210-216, 1987.

[DEJ 92] K. De Jong. Are genetic algorithms function optimizers. Problem Solving from Nature 2, Netherlands, Elsevier, pp. 3-13, 1992.

[DEJ 93] K. De Jong. Genetic algorithms are NOT function optimizers. Foundation of Genetic algorithms 2, San Mateo, CA. Morgan Kaufmann, pp. 5-17, 1993.

[DID 82] E. Diday, J. Lemaire, J. Pouget et F. Testu. Eléments d'analyse de données. Editions DUNOD, Paris, 1982.

[DUB 90] B. Dubuisson. Diagnostic et reconnaissance des formes. Editions HERMES, Paris, 1990.

[DUB 93] D. Dubois et H. Prade. Fuzzy sets in approximate reasoning, part 1. Fuzzy Sets and Systems, Vol. 40, N°1, mars 1993.

[DUD 73] R.O. Duda et P.E. Hart. Pattern classification and scene analysis. John Wiley and Sons, New York, 1973.

[ELO 97] A. El Ouaazizi et al. Line fitting in noisy data using genetic algorithm. QCAV'97, Colloque International sur le Contrôle de Qualité par Vision Artificiel, 1997.

[FIR 96] C. Firmin, D. Hamad, J. G. Postaire et R. D. Zhang. Feature extraction and selection for fault detection in production of glass bottles. Machine Graphics and Vision International Journal, Vol. 5, N°1, pp. 77-86, 1996.

[FIR 97] C. Firmin. Optimisation des réseaux de neurones à fonctions radiales de base par critères informationnels : application à la détection des défauts en production de bouteilles. Thèse de Doctorat, Université des Sciences et Technologies de Lille, mars 1997.

[FOG 94] D. B. Fogel. An introduction to simulated evolutionary optimization. IEEE Trans. on Neural Networks, Vol. 5, N°1, 1994.

[FOG 97] D. B. Fogel. Evolutionary computation : a new transactions. IEEE Trans. on Evolutionary Computation, Vol. 1, N°1, 1997.

[FOR 91] S. Forrest et G. M. Kress. Genetic algorithms, nonlinear dynamical systems, and models of international security. In Handbook of Genetic Algorithms par L. Davis (Editeur), Van Nostrand Reinhold, New York, pp. 166-185, 1991.

[FRI 96] H. Frigui, et R. Krishnapuram. A robust clustering algorithm based on competitive agglomeration and soft rejection of outliers. In CVPR, pp. 550-555, San Francisco, Juin 1996.

[GAG 81] A. Gagalowicz. A new method for texture field synthesis : some applications to the study of human vision. IEEE Trans. on PAMI, Vol. 3, N° 5, pp. 520-533, 1981.

[GAG 83] A.Gagalowicz. Vers un modèle de textures. Thèse d'Etat, Université Pierre et Marie Curie, Paris VI, mai 1983.

[GAL 75] M. M. Galloway. Texture analysis using gray level run lengths. Computer Graphics and Image Processing (CGIP), Vol. 4, pp. 172-179, 1975.

[GLO 94] P. Y. Glorennec. Algorithmes d'apprentissage pour systèmes d'inférence floue. Colloque Neuro-mimétisme, Lyon, Juin 1994.

[GLO 96] P. Y. Glorennec. Constrained optimization of FIS using an evolutionary method. In Genetic Algorithms and Soft Computing, F. Herrera and J. L. Verdegay Eds., Physica-Verlag, ISBN 3-7908-0956-X, 1996.

[GOL 85] D. E. Goldberg. Genetic algorithms and rule learning in dynamic system control. In Proc. of the first International Conference on Genetic Algorithms and their Applications. Hillsdale, NJ, pp. 8-15, 1985.

[GOL 89] D. E. Goldberg. Genetic algorithms in Search, optimization and machine learning. Addison Wesley, 1989.

[GOL 91] D. E. Goldberg. Real-coded genetic algorithms, virtual alphabets and blocking. Complex systems, Vol. 5, pp. 139-167, 1991.

[GOL 92] D. E. Goldberg, K. Deb et J. H. Clark. Genetic algorithms noise, and the sizing of populations. Complex systems, Vol. 6, pp. 333-362, 1992.

[GOL 93] D. E. Goldberg, K. Deb, H. Kargupta et G. Harik. Rapid accurate optimisation of difficult problems using fast messy genetic algorithms. In Proc. of the 5th International Conference on Genetic Algorithms. San Mateo, CA, pp. 56-64, 1993.

[HAL 95] G. M. Haley et B. S. Manjunath. Rotation-invariant texture classification using modified Gabor filters. In ICIP'95, Washington, pp. 262-265, September 1995.

[HAL 99] L. Q. Hall, I. B. Özyurt, et J. C. Bezdek. Clustering with a genetically optimized approach. IEEE Trans. on Evolutionary Computation, Vol.3, N°2, pp. 103-110, July 1999.

[HAM 97] D. Hamad. Réseaux de neurones pour la classification non supervisée. Habilitation à diriger des recherches, Université des Sciences et Technologies de Lille, Centre d'Automatique de Lille, Juillet 1997.

[HAM 98] D. Hamad, S. El Saad et J.G. Postaire. Algorithmes d'apprentissage compétitif pour la classification automatique. TISVA'98, Oujda, Maroc, 27-28 Avril 1998. pp. 159-164.

[HAR 73] R. M. Haralick, K. Shanmugan et I. Dinstein. Textural features for image classification. IEEE Trans. on SMC, Vol. 3, N° 6, pp. 610-621,1973.

[HAR 75] J. A. Hartigan. Clustering algorithms. John Wiley and Sons, New York, 1975.

[HAR 79] R. M. Haralick. Statistical and structural approaches to texture. Proceedings of the IEEE, vol. 67, N° 5, pp. 786-804, mai 1979.

[HAR 91] S. Harp et T. Samad. Genetic synthesis of neural network architecture. In Handbook of Genetic Algorithms par L. Davis (Editeur), Van Nostrand Reinhold, New York, pp. 202-221, 1991.

[HAY 94] S. Haykin. Neural networks, a comprehensive foundation. IEEE Press, 1994.

[HER 91] J. Hertz, A. Krogh et R. Palmer. Introduction to the theory of neural computation. Addison Wesley, 1991.

[HER 95] F. Herrera, M. Lozano et J. L. Verdegay. A learning process for fuzzy control rules using genetic algorithms. Technical report N° 95108, University of Granada, Spain, 1995.

[HIL 92] A. Hill and C. J. Taylor. Model-based image interpretation using genetic algorithm. Image and Vision Computing, Vol. 10, N° 5, pp. 295301, June 1992.

[HOF 87] R. Hoffman, et A. K. Jain. Segmentation and classification of range images. IEEE Trans. on Pattern Analysis and Machine Intelligence, Vol. 9, N°5, pp. 608-620, 1987.

[HOF 91] F. Hoffmeister et T. Bäck. Genetic algorithms and evolutionary strategies : similarities and differences. In Parallel Problem Solving from Nature, I par R.

Männer and H. Schwefel (Editeurs), Springer Verlag, pp. 455-469, 1991.

[HOL 75] J. H. Holland. Adaptation in natural and artificial systems. Ann Arbor, University of Michigan Press, 1975.

[HOL 78] J. H. Holland et J. C. Reitman. Cognitive systems based on adaptive algorithms. In Pattern Directed Inference System, D. A. Waterman and F. Hayes-Roth Editions, New York Academic, 1978.

[HOL 92] J. H. Holland. Adaptation in natural and artificial systems. Second Edition, M.I.T. Press, 1992.

[HOM 95] A. Homaifar et E. McCormick. Simultaneous design of membership functions and rule sets for fuzzy controllers using genetic algorithms. IEEE Trans. on Fuzzy systems, Vol. 3, N° 2, May 1995.

[HSU 93] T. Hsu, A. Calway et R. Wilson. Texture analysis using the multiresolution Fourier transform. Proceedings of 8th Scandinavian Conference on Image Analysis, Tromso, Mai 1993.

[HUM 77] R. Hummel. Image enhancement by histogram transformation. In CGIP'77, Vol. 6, pp. 184-195, 1977.

[JAI 93] A. K. Jain et M. Tuceryan. Handbook of pattern recognition and computer vision. Chapitre 2.1-Texture analysis, pp. 235-276, World Scientific Company, 1993.

[JAM 85] M. James. Classification algorithms. John Wiley and Sons, New York, 1985.

[JAN 98] S. R. Jan et Y. C. Hsueh. Window size determination for granulometrical structural texture classification. Pattern Recognition Letters, Vol. 19, pp. 439-446, 1998.

[JER 84] M. E. Jernigan et F. D'Astous. Entropy-based texture analysis in the spatial frequency domain. IEEE Trans. on Pattern Analysis and Machine Intelligence (PAMI), vol. 6, 1984.

[JOH 79] B. Johnston, T. Bailey et R. Dubes. A variation on a non parametric clustering method. IEEE Transactions on Pattern Analysis and Machine Intelligence (PAMI), Vol. 1, N° 4, pp. 400-408, 1979.

[JUL 62] B. Julesz. Visual pattern recognition. IEEE Trans. on Informatics Theory, Vol. 8, pp.84-92, 1962.

[JUL 65] B. Julesz. Texture and visual perception. Scientific American, Vol. 212, pp. 38-54, February 1962.

[JUL 73] B. Julesz, E.N. Gilbert, L.A. Shepp et H. L. Frisch. Inability of humans to discriminate between visual textures that agree in second order statistics revisited. Perception and Psychophysics, Vol. 2, pp. 391-405, 1973.

[JUL 87] B. Julesz et J. R. Bergen. Textons, the fundamental elements in preattentive vision and perception. M.A. Fischler and O. Firschein Editions " reading in computer vision", Morgan Kaufmann Los Altos CA, pp. 234-256, 1987.

[KAR 91] C. Karr. Applying GA to fuzzy logic. AI Expert, 1991.

[KAR 96] N. B. Karayiannis, J. C. Bezdek et R. J. Hathaway. Repairs to GLVQ : a new family of competitive learning schemes. IEEE Trans. on Neural Networks, Vol.7, N°5, pp. 1062-1071, 1996.

[KAR 97] N. B. Karayiannis et J. C. Bezdek. An integrated approach to fuzzy learning vector quantization and fuzzy C-means clustering. IEEE Transactions on Fuzzy Systems, Vol. 5, N° 4, pp. 622-628, November 1997.

[KEL 89] J. M. Keller, S. Chen et R. M. Crownover. Texture description and segmentation through fractal geometry. In CVGIP, Vol. 45, pp. 150-166, 1989.

[KER 93] C. Kervrann et F. Heitz. Segmentation non supervisée des images texturées : une approche statistique. Rapport de recherche d'IRISA, N° 716, Mars 1993.

[KHI 57] A. I. Khinchin. Mathematical foundation of information theory. Dover, 1957.

[KIT 86] J. Kittler. Feature selection and extraction. Handbook of Pattern Recognition and Image Processing, T.Y. Young et K. S. Fu ed., pp. 59-83, Academic Press, Orlando, FL, 1986.

[KOH 84] T. Kohonen. Self organisation and associative memory. Springer-Verlag, Berlin, 1984.

[KUN 93] L. I. Kuncheva. Genetic algorithm for feature selection for parallel classifiers. Information Processing Letters, Editions ELSEVIER, pp.163-168, June 1993.

[KUN 97] L. I. Kuncheva et J. C. Bezdek. Selection of cluster prototpyes from data by a genetic algorithm. EUFIT, pp.1683-1688, Aachen, Germany, Septembre 1997.

[KWA 94] H. K. Kwan et Y. Cai. A fuzzy neural network and its application to pattern recognition. IEEE Transactions on Fuzzy Systems, Vol. 2, N° 3, pp. 185-193, August 1994.

[LEB 82] L. Lebart, A. Morineau et J. P. Fénelon. Traitement des données statistiques : méthodes et programmes. Editions DUNOD, Paris, 1982.

[LEB 95] L. Lebart, A. Morineau et M. Pinon. Statistique exploratoire multidimensionnelle. Editions DUNOD, Paris, 1995.

[LEC 91] Y. Lechevallier, J. Lévy-Véhel et P. Mignot. Arthur, un système d'analyse de texture. 8ème congrès AFCET-RFIA, Lyon-Villeurbanne, Novembre 1991.

[LEI 94] D. Leitch et P. Propert. Genetic algorithms for the development of fuzzy controllers for autonomous guided vehicles. Proc. of EUFIT'94, Aachen, Germany, September 1994.

[LEV 93] J. Levy-Vehel and E. Lutton. Optimization of fractal functions using genetic algorithms. Rapport de recherche d'INRIA, N° 1941, Juin 1993.

[LEZ 00] O. Lezoray. Segmentation d'images couleur par morphologie mathématique et classification de données par réseaux de neurones : application à la classification de cellules en cytologie des séreuses. Thèse de Doctorat, Université de Caen, France, Janvier 2000.

[LI 95] S. Z. Li. Markov random field modelling in computer vision. Springer-Verlag, 1995.

[LIA 94] Z. Liang, J. R. Macfall, et D. P. Harrington. Parameter estimation and tissue segmentation from multispectral MR images. IEEE Trans. on Medical Imaging, Vol. 13, N°3, pp. 441-449, Septembre 1994.

[LIE 90] G. E. Liepins et M. D. Vose. Representational issues in genetic optimization. Journal of Experimental and Theoretical Artificial Intelligence, Vol. 2, pp. 101-115, 1990.

[LIE 91] G. E. Liepins et W. D. Potter. A genetic algorithm approach to multiple-fault diagnosis. In Handbook of Genetic Algorithms, Van Nostrand Reinhold, New York, pp. 237-250, 1991.

[LIP 89] R. P. Lippman. Pattern classification using neural networks. In IEEE Comm. Magazine, Vol. 11, pp. 47-64, November 1989.

[LIU 90] S. S. Liu et M. E. Jernigan. Texture analysis and discrimination in additive noise. Computer Vision, Graphics and Image Processing (CVGIP), vol. 49, 1990.

[LOR 98] A. Lorette, X. Descombes et J. Zerubia. Texture analysis through a markovian modelling and fuzzy classification : application to urban areas extraction from satellite images. International Journal of computer Vision, July 1998.

[LOR 99] A. Lorette. Analyse de texture par méthodes markoviennes et par morphologie mathématique : application à l'analyse des zones urbaines sur des images satellitalles. Thèse de Doctorat, Université de Nice Sophia Antipolis, 28 Septembre 1999.

[LUD 94] M. Ludovic. Audit de sécurité par algorithmes génétiques. Thèse de Doctorat, Université de Rennes 1, France, 7 Juillet 1994.

[LUD 97] I. Ludimla et al. Selection of cluster prototypes from data by a genetic algorithm. EUFIT'97, Aachaen, Germany, pp. 1683-1688, September 1997.

[LUT 99] E. Lutton. Algorithmes génétiques et fractales. Dossier d'Habilitation à diriger des recherches, Université Paris XI Orsay, 11 Février 1999.

[MA 83]   S. Ma. Modélisation et synthèse de texture: application à l'infographie. Thèse d'Etat, Université Pierre et Marie Curie, Paris VI, 1983.

[MAR 87] A. Mario. Introduction aux techniques de traitement d'images. Editions EYROLLES, 1987.

[MAR 93] P. Martinez et E. Lutton. A genetic algorithm for the detection of 2D geometric primitives in images. Rapport de recherche d'INRIA, N° 2110, Novembre 1993.

[MAR 96] J. F. Mari et A. Napoli. Aspect de la classification. Rapport de recherche d'INRIA, N° 2909, Juin 1996.

[MAS 92] M. H. Masson. Contribution à l'élaboration d'une méthode de décision avec rejet par réseaux de neurones : application à la surveillance de systèmes. Thèse de Doctorat, Université de Technologies de Compiègne, Décembre 1992.

[MAT 83] T. Matsuyama, S. Miura et M. Nagao. Structural analysis of natural textures by Fourier transformation. IEEE CVGIP, Vol. 24, pp. 347-362, 1983.

[MEU 85] B. B. Meunier. La logique floue et ses applications. Addison Wesley, France, 1985.

[MIC 94] Z. Michalewicz. Genetic algorithms + data structures = evolution programs. 2nd Editions, Springer-Verlag, 1994.

[MIT 77] D. R. Mitchelle, C.R. Myers et W. Boyne. A max-min measure for image texture analysis. IEEE Trans. on Computer Vision, pp.408-414, 1977.

[MIZ 76] R. Mizoguchi et M. Shimura. Non parametric learning without a teacher based on mode estimation. IEEE Transactions on Computers, Vol. 25, pp. 1109-1117, 1976.

[MOO 74] A. Mood, F. Graybill et D. Boes. Introduction to the theory of statistics. 1974.

[MON 94] C. Monrocq. Approche probabiliste pour l'élaboration et la validation de système de décision : application aux réseaux de neurones. Thèse de Doctorat, Université Paris-Dauphine, 1994.

[MUR 96] C. A. Murthy et N. Chowdhury. In search of optimal clusters using genetic algorithms. Pattern Recognition Letters, Editions ELSEVIER, pp. 825-832, 1996.

[NAD 98] M. Nadif, et G. Govaert. Clustering for binary data and mixture models-choice of the model. Appl. Stochastic Models Data Anal., 13, John Wiley and Sons Publisher, pp.269-278, 1998.

[NAS 01] M. Nasri, H. Jender, M. El Hitmy, A. Rabhi et R. Aboutni. Optimal attribute vector determination by a genetic algorithm for a supervised classification of texture images. 5th International Conference on Quality Control by Artificiel

Vision QCAV'2001, Le Creusot, France, Vol. 2, pp. 322-327, 21-23 May 2001.

[NAS 02] M. Nasri et M. El Hitmy. Algorithme génétique et critère de la Trace pour l'optimisation du vecteur attribut : application à la classification supervisée des images de textures. 15th International Conference on Vision Interface VI'2002, Calgary, Canada, pp. 407-412, 27-29 Mai 2002.

[NAS 03a] M. Nasri, R. Aboutni, M. EL Hitmy, H. Nait Charif et M. Barboucha. Cascade system, genetic algorithm – multi-layer neural network, for a supervised classification of texture images. In proceedings of SPIE Conf., 6th International Conference on Quality Control by Artificial Vision, Vol. 5132, pp. 169-177, USA, 2003. Repulished as an SME *Technical Paper* by The Society of Manufacturing Engineers (SME), Paper number MV03-234, ID TP03PUB136, Dearborn, Michigan, USA, pp. 1-9, 25 June 2003.

[NAS 03b] M. Nasri, M. EL Hitmy, H. Ouariachi et M. Barboucha. Optimization of a fuzzy classification by evolutionary strategies. In proceedings of SPIE Conf., 6th International Conference on Quality Control by Artificial Vision, Vol. 5132, pp. 220-230, USA, 2003. Repulished as an SME *Technical Paper* by The Society of Manufacturing Engineers (SME), Paper number MV03-233, ID TP03PUB135, Dearborn, Michigan, USA, pp. 1-11, 24 June 2003.

[NAS 03c] M. Nasri et M. EL Hitmy. Evolutionary strategies and Xie and Beni criterion for the optimization of a fuzzy classification. Second IEEE International Conference on Signals, Systems, Decision and Information Technology SSD'2003, Sousse, Tunisia, 26-28 March 2003, CDROM of SSD'2003.

[NAS 06] M. Nasri et M. EL Hitmy. Evolutionary Strategies and Entropy Approach for the Optimization of a Fuzzy Classification. The second IEEE-EURASIP International Symposium on Control, Communications, and Signal Processing ISCCSP'2006, Marrakech, Morocco, March 13-15, 2006, CDROM of ISCCSP'2006.

[NGU 93] H. H. Nguyen et P. Cohen. Gibbs random fields, fuzzy clustering, and the unsupervised segmentation of textured images. CVGIP, Vol. 55, N°1, pp. 1-19, Janvier 1993.

[OLI 00] P. Olivier, X. Descombes et J. Zeubia. Classification d'images satellitaires hyperspectrales en zone rurale et périurbaine. Rapport de recherche d'INRIA, N° 4008, Septembre 2000.

[OLI 97] C. Olivier, F. Jouzel, A. El. Matouat et P. Courtellemont. Un nouveau critère pour la sélection de l'ordre d'un modèle. In GRETSI, pp. 451-454, Grenoble, 1997.

[ORT 91] J. J. Orteu. Application de la vision par ordinateur à l'automatisation de l'abattage dans les mines. Thèse de Doctorat, Université Paul Sabatier de Toulouse, France, Novembre 1991.

[OUA 98] H. Ouariachi, H. Jender, M. Barboucha et R. Maimouni. Optimisation of the competitive learning neural network by genetic algorithm. 4th International Conference on Quality Control by Artificial Vision QCAV'98, Takamatsu, Kagawa, Japan, pp. 217-221, November 1998.

[OUA 99] H. Ouariachi, D. Hamad, H. N. Charif and M. Barboucha. Unsupervised classification using evolutionary programming approach and the akaike criteria. 14th International Symposium of Computer and Information Sciences ISCIS'99, Izmir, Turkey, pp. 1034-1036, 18-20 October 1999.

[PAL 95] N. R. Pal et J. C. Bezdek. On cluster validity for the fuzzy C-means model. IEEE Transactions on Fuzzy Systems, Vol. 3, N° 3, pp. 370-379, August 1995.

[PAL 98] G. Palubinskas, X. Descombes et F. Kruggel. An unsupervised clustering method using the entropy minimization. In ICPR, pp. 1816-1818, Australia, Août 1998.

[PAR 97] J. R. Parker et P. Federl. An approach to licence plate recognition. V.I. Kelowna Colombie Britannic Canada, pp. 178-182, 21-23 Mai 1997.

[PAV 86] T. Pavlidis et G. Wolberg. An algorithm for the segmentation of bilevel images. IEEE Trans. on PAMI, Vol. 6, pp. 570-573, 1986.

[PEE 85] F.G. Peet et T.S. Sahota. Surface curvature as a measure of image texture. IEEE Trans. on PAMI, Vol. 7, N° 6, pp. 734-738, 1985.

[PEN 84] A. P. Pentland. Fractal based description of natural scenes. IEEE Trans. on PAMI, Vol. 6, N° 6, pp. 661-674, 1984.

[PHI 88] S. Phillip. Analyse de texture appliquée aux radiographies industrielles. Thèse d'Etat, Université Pierre et Marie Curie, Paris VI, 1988.

[PHI 89] S. Phillip. Modélisation structurale de la texture : extraction du grain primaire et de sa règle de placement. 12ème colloque GRETSI, Jaun-les-Pins, Juin 1989.

[POS 87] J. G. Postaire. De l'image à la décision : analyse des images numériques et théorie de la décision. Editions DUNOD, 1987.

[PRE 88] F. Preparata et M. I. Shamos. Computational geometry: an introduction. Springer-Verlag, Heidelberg, 1988.

[PRE 95] T. Presberger et M. Koch. Comparison of evolutionary strategies and genetic algorithms for optimization of a fuzzy controller. Proc. of EUFIT'95, Aachen, Germany, August 1995.

[REN 95] J. M. Renders. Algorithmes génétiques et réseaux de neurones. Editions HERMES, 1995.

[RIC 91] M. D. Richard et R. P. Lippmann. Neural networks classifiers estimate bayesian a posteriori probabilities. Neural Computation, Vol. 3, pp. 461-483, 1991.

[RIS 78] J. Rissanen. Modeling by shortest data description. Automatica, Vol. 14, pp. 465-471, 1978.

[RIS 91] J. Rissanen. The minimal description length principle. Research Report RJ-8236, IBM US research centers, Juillet 1991.

[RIV 95] I. Rivals, L. Personnaz, G. Dreyfus et J. L. Ploix. Modélisation, classification et commande par réseaux de neurones : principes fondamentaux, méthodologie de conception et applications industrielles. Les Réseaux de Neurones pour la Modélisation et la Commande du Processus, J. P. Gorriou (éditeur), Lavoisier Tec et Doc, 1995.

[ROM 73] J. M. Romeder. Méthodes et programmes d'analyse discriminante. Editions DUNOD, Paris, 1973.

[ROS 82] A. Rosenfeld et A.C. Kak. Digital picture processing. Academic Press, Vol. 1, London, 1982.

[ROT 94] G. Roth et M. D. Levine. Geometric primitive extraction using a genetic algorithm. IEEE Transaction on Pattern Analysis and Machine Intelligence, Vol. 16, N° 9, pp. 901-905, September 1994.

[ROU 97] J. M. Rouet, J. J. Jacq et C. Croux. Recalage élastique 3D de surfaces numériques par optimisation génétique. Seizième Colloque GRETSI'97, Grenoble, France, 15-17 Septembre 1997, pp. 1395-1398.

[RUC 90] D. W. Ruck et S. K. Rogers. The multilayer perceptron as an approximation to Bayes optimal discriminant function. IEEE Transactions on Neural Networks, Vol. 1, pp. 296-298, 1990.

[RUM 86] D. E. Rumelhart, G. E. Hinton et R. J. Williams. Learning representations by back-propagating errors. Nature, Vol. 323, pp. 533-536, 1986.

[RUS 69] E. H. Ruspini. A new approach to clustering. Information and Control, Vol. 15, N°1, pp. 22-32, juillet 1969.

[SAP 90] G. Saporta. Probabilités, analyse des données et statistiques. Editions TECHNIP, 1990.

[SAR 92] N. Sarkar et B. B. Chaudhuri. An efficient approach to estimate fractal dimension of textural images. In Pattern Recognition, Vol. 25, N° 9, pp. 1035-1041, 1992.

[SAR 97] M. Sarkar et al. A clustering algorithm using an evolutionary-based approach. Pattern Recognition Letters, 1997.

SCH 76] A. Schroeder. Analyse d'un mélange de distributions de probabilité de même type. Revue Statistiques Appliquées, Vol. 24, N° 1, pp. 39-62, 1976.

[SCH 78] G. Schwarz. Estimating the dimension of a model. Ann. Statistics, 6, pp. 461-

464,1978.

[SCH 81] H. P. Schwefel. Numerical optimization of computer models. John Wiley and Sons, 1981.

[SCH 85] J. D. Schaffer. Multiple objective optimisation with vector evaluated genetic algorithms. In Proc. of the first International Conference on Genetic Algorithms and their Applications. Hillsdale, N.J, pp. 93-100, 1985.

[SCH 87] J. D. Schaffer et A. Morishima. An adaptive crossover distribution mechanism for genetic algorithms. In Proc. of the second International Conference on Genetic Algorithms and their Applications. Hillsdale, N.J, pp. 36-40, 1987.

[SER 82] J. Serra. Image analysis and mathematical morphology. Academic Press, London, 1982.

[SHA 48] C. E. Shannon. A mathematical theory of communication. Bell Systems Technical Journal, Vol. 27, N° 379, 1948.

[SOL 81] F. Solis et J. Wetts. Minimization by random search techniques. Mathematics of Operation Research, Vol. 6, 1981.

[SUG 93] M. Sugeno et J. Yasukawa. A fuzzy logic based approach to qualitative modeling. IEEE Trans. on Fuzzy Systems, Vol. 1, N° 1, 1993.

[SYS 89] G. Syswerda. Uniform crossover in genetic algorithms. In Proc. of the 3rd International Conference on Genetic Algorithms and their Applications. San Mateo, CA. Morgan Kaufmann, 1989.

[SYS 91] G. Syswerda. Schedule Optimization using genetic algorithms. In Handbook of Genetic Algorithms par L. Davis (Editeur), Van Nostrand Reinhold, New York, pp. 332-349, 1991.

[THE 89] C. W. Therrien. Decision, estimation and classification. John Wiley and Sons, New York. 1989.

[THR 91] P. Thrift. Fuzzy logic synthesis with genetic algorithms. Proc. of ICGA'91. 1991.

[TOM 88] R. Tomassone, M. Danzart, J. J. Daudin et J. P. Masson. Discrimination et classement. Techniques stochastiques, Editions MASSON, Paris, 1988.

[TOU 74] J. Tou et R. G. Gonzalez. Pattern recognition principles. Addison Wesley Publishing Company, 1974.

[TOU 90] J. J. Toumazet. Traitement de l'image par l'exemple. Editions SYBEX, 1990.
[TRE 85] A. Treisman. Preattentive processing in vision. In Computer Vision, Graphics and Image Processing (CVGIP), Vol. 31, pp.156-177, 1985.

[TRU 91] S. Truvé. Using a genetic algorithm to solve constraint satisfaction problems generated by an image interpreter. In Theory and Applications of Image analysis, 7th Scandinavian Conference on Image Analysis, pp. 378-386, Aalborg (DK), August 1991.

[TSA 94] E. C. Tsao, J. C. Bezdek et N. R. Pal. Fuzzy Kohenen clustering networks. Pattern Recognition, Vol. 27, N° 5, pp. 757-764, 1994.

[UNS 84] M. Unser. Description statistique de textures : application à l'inspection automatique. Thèse de l'Ecole Polytechnique de Lausanne, N° 534,1984.

[UNS 95] M. Unser. Texture classification and segmentation using wavelet frames. IEEE Trans. on Image Processing, Vol. 4, N° 11, pp. 1549-1560, November 1995.

[VAN 00] N. Vandenbroucke. Segmentation d'images couleur par classification de pixels dans des espaces d'attributs colorimétriques adaptés : Application à l'analyse d'images de football. Thèse de Doctorat, Université de Lille 1, France, 14 Décembre 2000.

[VAN 97a] N. Vandenbroucke, L. Macaire et C. Vieren. Suivi automatique de personnes en mouvement par analyse d'images couleur successives : application au suivi de joueurs de football. In Seizième Colloque sur le Traitement du Signal et des Images., Vol. 2, pp. 917-920, Grenoble, 1997.

[VAN 97b] N. Vandenbroucke, L. Macaire et J. G. Postaire. Soccer player recognition by pixels classification in an hybrid color space. In Multispectral and Hyperspectral Imagery III, Vol. 3071, pp. 23-33, Orlando, 1997.

[VAN 97c] N. Vandenbroucke, L. Macaire, C. Vieren et J. G. Postaire. Contribution of a color classification to soccer players tracking with snakes. In IEEE International Conference on System, Man and Cybernetics, Vol. 4, pp. 3660-3665, Orlando, 1997.

[VAN 98] N. Vandenbroucke, L. Macaire et J. G. Postaire. Color pixels classification in an hybrid color space. In IEEE International Conference on Image Processing, Vol. 1, pp. 176-180, Chicago, 1998.

[VAS 79] C. Vasseur et J. G. Postaire. Convexité des fonctions de densité : application à la détection des modes en reconnaissance des formes. RAIRO, Série Automatique, Vol. 13, N° 2, pp. 171-188, 1979.

[VAS 80] C. Vasseur et J. G. Postaire. A convexity testing method for cluster analysis. IEEE Trans. on Syst., Man. and Cyber., Vol. 10, N° 3, pp. 145-149, 1980.

[VER 98] X. Vernassier, J. M. Pasquinet, E. Fauvet et F. Trucchetet. Algorithme génétique appliqué à l'optimisation de filtres numériques pour une architecture temps réel de traitement d'image. Colloque International sur le Traitement d'Images et les Systèmes de Vision Artificielle TISVA'98, Oujda, Maroc, 27-28 Avril 1998. pp. 85-92.

[VOL 87] P. Volet. Analyse et synthèse d'images de textures structurées. Thèse de l'Ecole Polytechnique de Lausanne, 1987.

[WAN 96]   L. Wang et R. Langari. Complex system modeling via fuzzy logic. IEEE Trans. on SMC, Vol. 26, N° 1, 1996.

[WHI 89]   D. Whitley et T. Hanson. Optimizing neural networks using faster more accurate genetic search. In Proc. of the 3rd International Conference on Genetic Algorithms and their Applications. San Mateo, CA. Morgan Kaufmann, 1989.

[XIA 97]   J. Xiao, Z. Michalewicz, L. Zhang et K. Trojanowski. Adaptive evolutionary planner/navigator for mobile robots. IEEE Trans. on Evolutionary Computation, Vol. 1, N° 1, pp. 18-28, 1997.

[XIE 91]   X. Xie et G. Beni. A validity measure for fuzzy clustering. IEEE Trans. on Pattern Analysis and Machine Intelligence (PAMI), Vol. 13, N° 8, pp. 841-847, 1991.

[YAN 96]   C. K. Yang et W. H. Tsai. Reduction of color space dimentionality by moment preserving thresholding and its application for color edge detection in color images. Pattern Recognition Letters, Vol. 17, N°5, pp. 41-490,1996.

[ZAD 65]   L. A. Zadeh. Fuzzy sets. Information and control, Vol. 8, pp.338-353, 1965.

[ZHE 94]   G. L. Zheng et S. A. Billings. RBF network training using a fuzzy clustering scheme. Research Report N° 505, University of Sheffield, UK, 1994.

Oui, je veux morebooks!

i want morebooks!

Buy your books fast and straightforward online - at one of world's fastest growing online book stores! Environmentally sound due to Print-on-Demand technologies.

Buy your books online at
www.get-morebooks.com

Achetez vos livres en ligne, vite et bien, sur l'une des librairies en ligne les plus performantes au monde!
En protégeant nos ressources et notre environnement grâce à l'impression à la demande.

La librairie en ligne pour acheter plus vite
www.morebooks.fr

VDM Verlagsservicegesellschaft mbH
Heinrich-Böcking-Str. 6-8
D - 66121 Saarbrücken

Telefon: +49 681 3720 174
Telefax: +49 681 3720 1749

info@vdm-vsg.de
www.vdm-vsg.de

Printed by Books on Demand GmbH, Norderstedt / Germany